国家出版基金项目
NATIONAL PUBLICATION FOUNDATION

辛亥著名人物传记丛书

谢本书 著

蔡锷

团结出版社
UNITY PRESS

图书在版编目（CIP）数据

蔡锷 / 谢本书著. -- 北京 ：团结出版社，2011.4（2021.6 重印）
（辛亥著名人物传记丛书）
ISBN 978-7-5126-0361-5

Ⅰ．①蔡… Ⅱ．①谢… Ⅲ．①蔡锷（1882～1916）—
传记 Ⅳ．①K825.2

中国版本图书馆 CIP 数据核字(2011)第 053285 号

出　版：团结出版社
　　　　（北京市东城区东皇城根南街 84 号　邮编：100006）
电　话：(010) 65228880　65244790 　（出版社）
　　　　（010) 65238766　85113874　65133603（发行部）
　　　　（010) 65133603（邮购）
网　址：http://www.tjpress.com
E-mail：zb65244790@vip.163.com
　　　　tjcbsfxb@163.com（发行部邮购）
经　销：全国新华书店
印　装：三河市东方印刷有限公司

开　本：170mm×240mm　　　16 开
印　张：14.5
字　数：189 千字
版　次：2011 年 4 月　第 1 版
印　次：2021 年 6 月　第 3 次印刷

书　号：978-7-5126-0361-5
定　价：39.00 元

辛亥著名人物传记丛书
总序言

　　整整一百年前，在中国处于半殖民地半封建黑暗统治的时代，爆发了一场对中国历史发展进程产生巨大影响的革命，这就是以伟大的革命先行者孙中山为代表的革命党人发动的辛亥革命。这场革命，是中国近代历史上一次比较完全意义的反帝反封建的民族民主革命，它推翻了清朝政府，结束了中国几千年的封建君主专制制度，同时沉重打击了帝国主义在华侵略势力。中华民国的建立，标志着中国历史进步的新纪元。辛亥革命极大地推动了中华民族的思想解放，为中国先进分子探索救国救民的道路打开了新的视野，八年后，五四运动爆发；十年后，中国共产党诞生。辛亥革命开启的革新开放之门，对于推动中国社会的发展与进步具有不可估量的历史功绩和伟大意义。

　　以孙中山为代表的革命党人，在开启思想闸门、传播先进思想、点燃革命火种、推动历史进步的过程中发挥了重要作用。他们站在时代前列，为追求民族独立和民主自由而向反动势力宣战；他们不惜流血牺牲，站在斗争一线浴血奋战；他们具有坚定的信念和坚强的意志，愈挫愈奋，在失败中不断汲取和凝聚新的力量；他们适应历史发展的趋势，与时俱进，不断修正前进的方向和斗争的目标。正是因为有了这样一批革命先驱和仁人志士，才有了辛亥革命的爆发，也才有了以此为开端的中国民族民主革命的不断发展和最终胜利。当然，我们在分析评价历史人物时，既要看到他们有超越时代的进步性，又要看到他们不可避免地受到社会客观条件影响而具有的局限性与片面性，这是我们在看待历史人物时应当坚持的历史唯物主义态度，也就是既不文过饰非，也不苛求前人。

几十年来，关于辛亥革命及其重要人物的研究工作不断深入，也陆续出版了大量的图书、画册等，但仍然不十分系统和完整，有些出版物受到时代因素和其他客观条件的影响，难免有失偏颇和疏漏。在即将迎来辛亥革命100周年的时刻，团结出版社编辑出版了本套《辛亥著名人物传记丛书》，并得到国家出版基金的资助，这充分表明了国家对于辛亥革命历史研究的重视。这套丛书的出版，无疑是一件非常有意义的事，既可以对辛亥革命的研究工作起到重要的填补空白和补充资料的作用，同时也是对立下丰功伟绩的仁人志士的纪念与缅怀。

为了保证本套丛书的编辑质量，编辑委员会在民革中央的领导下，做了大量认真细致的组织工作，特别是邀请了著名专家金冲及先生、章开沅先生、李文海先生担任顾问，他们在百忙之中分别对本套丛书的编辑思想、人物范围、框架体例、写作要求等方面提出了重要的指导性意见，成为本套丛书能够高质量出版的重要保证。此外，参与本套丛书写作的，都是在近代历史和人物的研究方面卓有建树的专家学者，他们既有对辛亥革命历史进行深入研究的学术功底，又有较丰富的写作经验和较高的文字水平，因此，我们可以寄希望于本套丛书的出版，会对推动辛亥革命及其重要人物研究工作的不断深入起到重要作用，对弘扬爱国主义、提高民族凝聚力，实现中华民族的伟大复兴产生积极的影响。

周铁农

2011 年 3 月 16 日

目 录

引 言

蔡锷（1882—1916），原名艮寅，字松坡，湖南宝庆（今邵阳）人，是辛亥革命时期的风云人物，中国近代史上著名的军事家和爱国主义者。

蔡锷少年，家境贫苦，勤恳好学，被认为是"神童"。1898 年考入在长沙的湖南时务学堂，深受维新派领袖梁启超的影响，并与梁建立了终身的师生情谊。1899 年留学日本后，除与梁启超保持密切联系外，与革命派领袖孙中山、黄兴等亦有所联系，甚至参与了邹容《革命军》一书的起草工作。

1904 年，蔡锷毕业于日本陆军士官学校第三期，因成绩优秀，被称为"中国士官三杰"之一。同年归国，先后在江西、湖南、广西军界任要职。1911 年初，来到云南，编纂了中国"十大兵书"之一的《曾胡治兵语录》，后任新军第 19 镇第 37 协协统（旅长）。

1911 年 10 月 10 日辛亥武昌起义后，云南同盟会会员酝酿响应，推举蔡锷为昆明起义军临时总指挥。10 月 30 日，辛亥昆明起义爆发，经过一日战斗，昆明起义成功，全省迅速光复。蔡锷被推举为云南军都督府首任都督。他任职期间对云南进行了一系列改革，并且派兵支援邻省的斗争，取得了重大的成就。

1913 年底，蔡锷调往北京，任多种重要职务。开始，他对袁世凯抱有幻想，希望能帮助他治理好新生的中华民国，但是袁世凯的倒行逆施、帝制自为，使蔡锷的幻想迅速破灭。

1915 年底，蔡锷离开北京，逃往云南，与唐继尧等人共同发动和领导了反对袁世凯帝制自为的护国战争。蔡锷担任护国第一军总司令，不顾有病的身躯，亲赴川南前线，直接指挥了艰苦的反袁护国战争。护国战争得到了全国人民和各方面的响应和支持，取得了重大胜利。袁世凯被迫宣布取消帝制，并于1916年6月6日在众叛亲离中死去。

蔡锷在护国战争结束后，被任命为四川督军，但因病辞职，赴日就医。不幸于1916年11月8日病逝日本，享年34岁。

蔡锷在自己短暂的一生中，主要做了两件大事，一是辛亥革命时期，领导了云南反清起义，建立了辛亥云南军都督府，实行了一系列颇有成效的改革；二是在袁世凯复辟封建帝制时期，领导了反袁护国战争（这是辛亥革命的继续），取得了重大胜利，立下了特殊功勋，被称为"讨袁名将""护国军神"。这两件大事，奠定了蔡锷在中国近代史上的重要地位。

蔡锷的一生除了勤奋、刻苦、沉着、冷静外，为官清廉，生活简朴，是被人称道的一个重要特点。蔡锷死后，还负债三四千金，不得已靠恤金和友人资助得以偿还。他反对为其后人谋取特权，因此，他的后人都是普通的体力劳动者或脑力劳动者。

蔡锷作为辛亥革命时期的风云人物，值得后人永远怀念。

蔡

锷

第一章
湘西神童

湖南宝庆，蔡锷的家乡

逆境中成长，成绩喜人

督学惊呼："此神童也！"

梁启超，蔡锷的恩师

一、湖南宝庆，蔡锷的家乡

湖南中部偏西南的宝庆，民国以后改称邵阳，地处邵水与资水交汇处，自西周建城至今，已有两千余年的历史。明代以来，修筑城墙，守备坚固，故有"铁打宝庆"之称。自古以来，这里是湘中偏西南部各州县的政治、经济、文化中心。这里群山逶迤，峰峦如削，重峦叠翠，萦山带水，风景秀丽，地势险要，上可控云南、贵州，下可控长沙、衡阳，素为湘西重镇。

宝庆地处亚热带气候，季风交替，四季分明，夏少酷暑，冬少严寒，阳光充沛，雨量丰富。农副产品颇为丰饶，地下资源，亦较丰富。手工业和商业发展较早，成为湘西繁华之区，因此民谚有"宝庆码头遍湖广，宝庆客人半天下"。

在这山清水秀、物产丰富的地方，自古以来受中原文化的影响，开化较早，历史上人文荟萃，英才辈出。近代以来，著名人物有：资产阶级改良主义的先驱、进步思想家魏源，戊戌变法运动的积极参与者、名士樊锥，反对帝国主义文化侵略、敢于和恶势力进行斗争的贺金生，五四运动中火烧赵家楼的匡互生，碧血洒皖南的新四军政治部主任袁国平，以及这里叙述的蔡锷等。湖南宝庆，不愧是近代中国杰出人物的故乡之一。

蔡锷就出生在湖南宝庆山清水秀的地方，具体地点大体上可以确定为宝庆县亲睦乡蒋家冲，即今邵阳市大祥区郊外的蔡锷村。蒋家冲这个村寨，历史又名蔡桥头，姓蒋的人口最多，蔡姓次之。1981年地名普查时，为纪念这里出生的名人蔡锷，正式更名为蔡锷村。

蔡锷村是一个狭长的洼地，两旁为起伏不断的山陵，南面原名枣子山，过去满山遍野都是枣树。北面名枕头山，山形酷似枕头，因而得名。这里是中国南部典型的风景优美的农村，有弯弯的流水、密密的树林、峨峨的山岭、嶙嶙的岩石。幼年的蔡锷正是在这种山青水绿的自然环境和优秀的传统文化陶冶下成长起来的。

二、逆境中成长，成绩喜人

蔡锷出生于清光绪八年十一月初十，即公元1882年12月19日，原名艮寅，字松坡。蔡锷这个名字的取名是有来历的。据传，蔡锷的母亲王氏分娩前一晚上，梦见在一个长有翠松的山坡上，遇见一只白虎，温驯地跑到自己身边。一惊醒来，不久小孩即呱呱坠地。因此这个小孩就取名为艮寅，艮为山，寅为虎，虎出松林之坡，故字松坡。幼年时，父母叫他虎儿。（刘禹生：《蔡松坡的童年》，《邵阳文史资料》第4辑第94页）

蔡锷幼年时期，家境简陋清贫。父亲蔡正陵，又名俊陵，虽初识字，仍以务农为生。蔡锷有兄弟姐妹五人，蔡锷排行第二，在三兄弟中则居长。一家数口，务农难以为生。为了维持一家的生活，父亲蔡正陵在蔡锷五岁的时候，举家迁往武冈州黄家桥（即今邵阳市洞口县山门镇），最初住在水东大坝上的一座亭子里，叫"大义亭"，以缝纫、蒸酒、打豆腐为生；不久移居黄家桥的上横头屋，自建了一座狭小的七砖茅屋，仍以缝纫、蒸酒、打豆腐为生，家境相当困难。蔡锷生长在这样的清贫农村家庭里，自幼勤俭节省，从事简单的农业和手工业劳动，以谋生计。这对于他了解基层社会，以及后来从政、治军，自奉节俭，廉洁自守，是有相当的影响的。

由于蔡锷的家两次迁徙，这给童年的蔡锷留下了深刻的印象。家庭的贫困，让他了解了当时中国基层民众的生活状况；多次搬家，使他饱览青山绿水、祖国大好河山的风貌，从而陶冶于大自然的优美环境之中，爱乡爱国之情油然而生；同时也使他看到了城市和乡村的差异、富人和穷人的地位的悬殊，让他的头脑里浮现了改变这种社会的许多梦想。

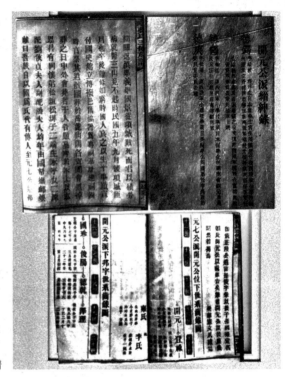

蔡锷家谱

　　家境虽然贫困，蔡正陵仍然设法让蔡锷去读书。蔡锷6岁进私塾，面对贫困和艰辛，绝不低头，除了承担部分家务劳动外，就是刻苦学习，他希望逆境成才。由于他聪颖异常，沉静刻苦，因而学业进步很快。10岁就读完了四书、五经，能够写出比较流畅的文章。

　　蔡锷童年出门上学，有时要走三天路，家里没有钱，在路上只买饭不买菜，一个咸鸭蛋吃了三天，勉强维持生活。

　　放假回到家里，他白天帮助家人到田野去耕作，晚上独自点上油灯，常常读书到深夜。蔡正陵恐怕他苦学影响身体，每晚限制他小油灯只能用一小碟油，油尽即睡觉。但他却瞒着父亲，在灯碟里满盛着油，深夜诵读，油尽始睡。蔡锷的家境，不可能有钱购买图书，听说亲友有藏书，虽在数十里以外，他也要翻山越岭去借阅。他读书喜欢亲手抄录，笔记精华，成诵在心，因而理解较深，能融会贯通。

然而，家境的贫困，终于使蔡锷在11岁的时候，没有经济来源，无法坚持继续学习下去。同乡名士樊锥听说蔡锷失学了，非常痛心，决定邀请他入学，不仅免收任何学费，而且还供给他衣物和伙食费，让蔡锷能够继续安心地学习下去。樊锥对蔡锷，如同自己的亲生孩子一样对待，使蔡锷很受感动。（石建勋：《樊锥传略》，转见方行编：《樊锥集》第60—70页，中华书局1984年版）为此，蔡锷对樊锥视之如父，加倍努力，刻苦学习。樊锥是蔡锷的恩人，也是蔡锷思想的第一位启蒙者。

在樊锥的鼓励下，蔡锷学习有了很大的长进。1895年，蔡锷13岁时，参加院试，湖南提督学政江标，审阅了蔡锷的试卷，很赏识他的才华，遂录取他为生员（秀才）。同时录取为秀才的人中，对蔡锷、石陶钧、李本深三人，江标最赏识。录取后，江标接见了三人，对他们说："宝庆先辈魏源，你们得知吗？读过他的书吗？你们要学魏源讲求经世之学，中国前途极危，不可埋头八股试帖，功名不必在科举。"（石陶钧：《六十年的我》，《湖南历史资料》1981年第2期第18页）要他们关心时事，关心国家大事。江标可以算是蔡锷思想的第二位启蒙者。当然，对蔡锷思想影响更大的，要数他的第三位启蒙者、有着终身师生情谊的梁启超了。

1896年，蔡锷14岁时，应岁试，名列一等。1897年，蔡锷15岁时，又跟随樊锥去省城长沙赴秋闱（秋试），也取得了好成绩。

蔡锷在逆境中成长，成绩喜人，为乡人树立了一个很好的榜样，人们开始视他为"神童"！

三、督学惊呼："此神童也！"

幼年时期，蔡锷刻苦努力，聪明好学，才智过人，在宝庆地区留下了许多动人的传说。

还在蔡锷11岁时，一次应考，父亲蔡正陵背着他进考场。考官司见其年幼，出一联命对："邵阳考生八十名，唯汝最小。"蔡锷稍加思索回答："孔门弟子三千众，数回领先。"蔡锷到考场取卷，因放试卷的桌子较高，踩着板凳去拿，考官即说："拿、拿、拿，拿上板凳。"蔡锷随即答道："跳、跳、跳，跳过龙门。"考官颇为欣赏，拔为第一。

蔡锷13岁时，蔡正陵带他到宝庆府去应岁试。蔡锷走过一家商店，见柜台上摆着一块画了福、禄、寿三星的镜屏，久久仁立。老板见了问蔡正陵："这童子是什么人？"

答："小儿。"

问："来做什么？"

答："赴考。"

老板惊异，小小年纪来赴考，停了一会儿又问蔡锷："小相公，这镜屏你喜欢吗？我出个对子，倘能对上，便把镜屏送你。"

蔡锷答："请出个试试。"

老板念道："福禄寿三星拱照。"

对答："公侯伯一品当朝。"

老板高兴地说："对得好，对得好！好兆头，一定高中。"遂双手捧起镜屏递与蔡正陵说："恭喜、恭喜！"

这次主考官为督学（提督学政）江标，看到蔡锷进考场时，骑在父亲肩头上。江标即问："你坐的是什么人呀？"

蔡锷答："学生的父亲。"

问："怎么，子将父作马呀？"

答："父愿子成龙嘛！"

江标大喜，把蔡锷叫到面前，给一张两寸见方的纸，问道："你能在这纸上写一万个字吗？"

蔡锷略一凝神，答道："能！"即在纸上写出："一而十、十而百、百而千、千而万。"把这 12 个字送上。

江标看后惊呼："此神童也。"神童少年蔡锷遂传遍湘西。

考试期间正当阳春三月，百花盛开，蔡锷顺手摘一枝小鲜花，拿在手中欣赏。人报学台来了，蔡锷忙将花枝藏在袖中。江标见了，一指说："小学生暗藏春色。"

蔡锷躬身答道："大主考明察秋毫。"

江标甚为高兴，把蔡锷叫到室内对他说："立志向上，要讲求经世之学，万不可用心八股，功名不必在科举，学习要切求实用。"这是江标对蔡锷的再次嘱咐和关照。

出榜之后，蔡锷榜上有名。蔡正陵领着蔡锷到纸店买红纸作报喜之用。其时，宝庆城内已哄传岁试取了一个 13 岁的神童，纸店老板遂问："小相公是江学台特取的神童么？"

蔡正陵指着蔡锷说："小儿便是。"

老板奉茶让坐，以礼相待道："请小相公对个对子如何？"

蔡正陵代答："请教。"

老板念道："小相公三元及第。"

蔡锷答道："大老板四季发财。"

老板喜欢不尽，即取出两盒上等纸免费相赠。

蔡锷考中后，随父亲回家去拜望云水乡的启蒙老师姚显德。姚显德得知蔡锷即将到来，遂赶到双板桥头迎接。蔡锷来到桥边，一见老师伫立桥头，怡然大喜，正欲跨步过桥，拜谒先生。姚显德阻止说："今天我还要考考你，你随口赋出《鹧鸪天》，方能过桥。"蔡锷点头许诺。时际春天，万物复苏，蔡锷举头四望，抓住季节特点，朗朗吟唱：

山色晴岚景物佳，

春水涓流漫田沙。

东郊渐觉花供眼，

南北依稀草吐芽。

塘畔柳，

未藏鸦，

铺绸叠锦缀山家。

墙头几树红梅落，

桃树枝头恰着花。

　　信口赋句，把山村春天景色，说得维妙维肖，有声有色。老师听后，拱手称赞。蔡锷得以跨过双板桥，拜见老师。

　　更有奇者，相传1891年李蟒牛上任宝庆知府，时值中秋佳节，当晚浓云月敛，彻夜昏暗。李蟒牛根据节日气候，撰一首楹联上联，贴在府衙（今邵阳市四中）大门左侧，并在旁边张贴征联布告，广求献对。上联是：

　　"中秋月不明，挂一盏灯，替乾坤增色。"

　　征联既出，哄传四方，招来宝庆各地文人雅士，会集府城，大家绞尽脑汁，应对下联。但没有时令气候的巧合，无法献对。李知府大为失望，嘘唏长叹说："宝庆无才子，可叹可悲。"

　　同年9月，蔡锷才九岁，随父进城，得知李知府征联无人献对，狂言宝庆无才子。蔡锷听后，颇为意外，遂来到府衙门前，看过上联，垂头悟思，胸有成竹，随父返家。

　　次年旧历惊蛰节气当天，春晖暖照，惊蛰无雷。蔡锷怡然自得，来到府衙门口，骑在父亲肩上，击鼓闯堂。李知府升堂对衙役说："传击鼓人。"

衙役答道:"是个黄毛娃娃。"李知府命衙役取笔墨纸张,府外应对。蔡锷接过笔墨纸张,一挥而就:

"惊蛰雷未动,擂三通鼓,代天地回春。"

下联时令气候贴切,辞情并茂,对仗工整,含义深刻,气势磅礴,叱咤风云。李知府看后,拍案大喜:"奇才、奇才,此子不愧神童也。"

神童少年蔡锷的故事,在湘西广为人知。

(以上传说,参见刘再生:《蔡松坡的童年》,姚晴芳:《蔡将军轶事两则》,见《忆蔡锷》第126—130、133—135页,岳麓书社1996年版;《蔡松坡轶事》,沈云龙主编《近代中国史料丛刊》第50辑,台湾文海出版社1970年印行,以及作者调查访问所得)

四、梁启超,蔡锷的恩师

蔡锷的少年时期,正是中国风云变幻的时代。自1840年鸦片战争以后,中国逐渐沦为半封建半殖民地的社会。列强的侵略,清王朝的腐朽,激起了近代中国先进人士的忧虑和斗争。以洪秀全为代表的太平天国革命志士的英勇斗争失败以后,以康有为、梁启超为代表的资产阶级维新派的变法运动继之而起。1895年,中日甲午战争的失败,中华民族奇耻大辱的《马关条约》的签订,更是震惊了朝野。正在北京会试的举人们一千余名,在康有为、梁启超的邀约下,签名上书,提出拒签中日各约、迁都抗战、变法图强等主张,史称"公车上书"(即举人上书)。从此,变法运动的呼声日益高涨,湖南巡抚陈宝箴,是一位主张变法图强的官员,在他的周围的一些官吏和人士,如按察使黄遵宪、前后督学江标、徐仁铸以及谭嗣同、唐才常等人,也在湖南各地宣传变法维新。在他们的推动下,湖南的变法声势愈来愈大。1897年4月,江标、唐才常等人创办《湘学新报》(后改名《湘学报》），进行宣传鼓励。同年 10 月，由谭嗣同等人发起，陈宝箴在长沙东街（今中山路）设立湖南时务学堂，以谭嗣同为学堂总监，梁启超为中文总教习，李维格为英文总教习，唐才常等分任讲席。陈宝箴在《时务学堂招考示》中说："国势之强弱系于人才；人才之消长存乎学校。"梁启超所起草的《时务学堂学约》中明确办学目的是：一曰立志，二曰养心，三曰治身，四曰读书，五曰穷理，六曰学文，七曰乐群，八曰慎生，九曰经世，十曰传教。（梁启超：《饮冰室合集·文集之二》第 23—26 页，上海，中华书局 1941 年版）实际上，谭嗣同、梁启超是要把时务学堂办成培养维新人才的新式学堂。

时务学堂招生报考者达 4000 多人。年仅 16 岁的蔡锷为督学徐仁铸推荐，由宝庆徒步数百里到长沙报考时务学堂，考试成绩名列第三，成为时务学堂第一班学生 40 名中年龄最小的一人。梁启超等人通过教学活动，大力宣传维新变法理论，广泛介绍西学，对清王朝的腐朽统治进行不遗余力的揭露和批判。这些揭露和批判，带有强烈的民主思想与要求革新的气息。

蔡锷在时务学堂读书，很受梁启超的赏识，梁启超成了他的恩师，而且从此以后保持了终身的师生情谊。时务学堂的教学方法，是颇有新意的。除老师上堂讲授外，有一个重要的环节，就是学生作札记，老师批札记，发还札记时，师生共同座谈、讨论，实现教学相长。札记及批语，大多宣传维新变法理论。这对于师生都有很大的鞭策和促进。

在时务学堂学习，条件是艰苦的，蔡锷在《冬夜》一诗中，记录了当时的艰苦条件说：

悍鼠斗口口，寒风冲破壁。

秃笔硬如铁，残灯光寂寂。

（曾业英编：《蔡锷集》第 1 页，湖南人民出版社 2008 年版）

然而，他们在精神上却是愉快的，学习是十分认真的。蔡锷不仅学习刻苦，学识丰富，思路开阔，而且在其所记的札记中，虽然较多的是对梁启超批语的感谢和赞同，然亦有辩驳，发表不同意见。这些都是梁启超颇为欣赏的。

在时务学堂里，蔡锷深受变法思想的影响，也为梁启超鼓吹维新理论所感动。他在学堂每月月考，皆名列前茅，英气蓬勃，为同学敬慕。湖南按察使、著名维新人士黄遵宪在 1899 年作诗，怀念时务学堂三名优秀学生蔡锷和李炳寰、唐才质，抒发自己感情，寄希望于后辈说：

> 谬种千年兔园册，
>
> 此中没埋几英豪。
>
> 国方年少吾将老，
>
> 青眼高歌望尔曹。

（唐才质：《追忆蔡松坡先生》，《忆蔡锷》第 136 页）

时务学堂鼓吹维新思想的情况，宣传出去，成为戊戌变法后，慈禧太后发动戊戌政变的一个有力的口实。

在时务学堂学习之余，蔡锷还为《湘报》写了两篇文章：《〈后汉书党锢传〉书后》、《秦始皇功罪论》，借古喻今，针砭时政，文字激烈，主张变法。从这里我们可以看到，蔡锷救国救民的思想已有体现。

1898 年夏秋之交，康有为、梁启超等维新派非常活跃，运动达到了高潮。这个运动历史上称为戊戌变法，又叫"百日维新"。然而，仅仅经过 103 天，戊戌变法运动就遭到清王朝中以慈禧太后为代表的顽固势力的镇压而失败，谭嗣同等 6 人殉难，康有为、梁启超逃亡日本，湖南时务学堂被解散。

戊戌变法失败，两位老师——谭嗣同和梁启超一死一逃，这给少年蔡锷以很大的刺激。其时，湖南巡抚陈宝箴考送出国留学生，应试者五千人，蔡锷以第二名入选，旋因戊戌变法失败而不能成行。蔡锷计划去武昌两湖书院求学，又以时务学堂旧生而被拒绝。1899 年夏，蔡锷去上海，与唐才质等人，同考入南洋中学。其时暑假已至，蔡锷在上海举目无亲，幸遇原湖南时务学堂教习李逸群在南洋公学任教，特允许其先在学校住宿。就这样蔡锷在上海等待了一个多月，终于等到了梁启超从日本伸出的援助之手，从而使蔡锷得到了新机遇。

第二章

留学日本

梁启超邀蔡锷赴日

参军自立军，改名为"锷"

"中国士官三杰"之一

一、梁启超邀蔡锷赴日

蔡锷在上海等待了一个多月，忽于1899年7月，收到梁启超来信，邀请他赴日本留学。原来，梁启超在戊戌变法失败后逃亡日本，却非常怀念变法同仁，也没有忘记湖南时务学堂的学子，但是最初不知道他们到了哪里，无法联系。后来得知，时务学堂的学子们有的人从湖南逃了出来，跑到上海，可是一个人也不认识，费了许多周折，慢慢打听，才打听到梁启超在日本的住址，这才与他通讯联系上。而梁启超也打听到，蔡锷也到了上海，身上只剩下120个有孔的铜钱，生活难以为继。于是，梁启超立即写信，要他们设法到日本来，一同共渡难关。

其实，这时的梁启超是个亡命之人，自己也没有钱，但不忍心看到自己的学生们受苦受难，遂去信邀请他们到日本来，再想办法。那时梁启超住在日本小石川久坚町。蔡锷得到梁启超来信相邀，非常高兴，但身上没有路费，得到唐才常的部分资助，又向湖南老乡借了一点钱，才东渡日本，找到了梁启超。结果先后到日本找到梁启超的时务学堂学生有11人。梁启超在小石川久坚町租了三间房子，十几个人就挤在三间房子里打地铺，晚上同在地板上睡，早上卷起被窝，每人有一张小桌可以念书。虽然这个时期，物质生活艰苦，但大家在精神生活方面很快乐，觉得比在长沙时还要亲密无间，这样的生活差不多过了九个月的时间。

九个月以后，蔡锷进入大同高等学校学习日语，研究政治、哲学，补习普通学科。大同高等学校系草创，设备较简陋，没有运动场，学生们常到体育会锻炼、运动，蔡锷取得了很好的运动成绩。后该校得到横滨、神户华侨的资助，新建了校舍，更名为"清华学校"，以日人犬养毅为名誉校长，日常事务由学生负责。每天早晨和晚上同学必齐集点名，校园秩序整齐严肃，每晨五、六时，蔡锷带同学到操场练操。所以，这个学校出身的同学，后来不少人改学陆军。蔡锷在学校里，以"击椎生"、"奋翮生"、"孟博"的笔名，投稿于梁启超办的《清议报》。

稍后，蔡锷改入横滨东亚商业学校，与刘百刚、吴禄贞创办"励志会"，又加入唐才常组织的"自立会"。

二、参与自立军，改名为"锷"

唐才常成立"自立会"，后又组织"自立军"，宣传"勤王"，"保国保种"。而唐才常的"自立军"，得到了从日本留学后归国的林锡珪、秦力山、吴禄贞、戢翼翚等人的支持，他们中大多数是革命团体兴中会的成员，颇醉心于孙中山的"革命方略"。孙中山还曾接见他们中的一些人，其中包括蔡锷在内。（冯自由：《沈云翔事略》，《革命逸史》初集第81页，中华书局1981年版）

1900年秋，唐才常领导的自立军准备在汉口发动武装起义，事泄失败，师友多遇难。唐才常准备发动起义时，蔡锷与同学杨述唐、李虎村、傅良弼、黎科、蔡煜等10余人，从日本回国参加起义，结果多数死难。当时蔡锷年龄最小，仅18岁，唐才常不忍其牺牲，派他送信给湖南黄泽生，黄即坚留蔡锷在其家等待消息，结果很快事发，蔡锷遂免于难。

然而，蔡锷听到唐才常等人遇难的消息，如雷击顶，痛哭失声，恨不能与死难烈士一起壮烈捐躯。经过此事变，给蔡锷以深刻的教育和刺激，他不顾身体瘦弱单薄，决心投笔从戎，为国为民贡献自己的一切，遂将原名"艮寅"，正式改名为"锷"，取其"砥砺锋锷，重新做起"的意思。（蔡端：《蔡锷的"锷"并非世俗误传》，《人民日报》1982年4月7日）

蔡锷为了表达自己激愤之情，乃以奋翮生的笔名，在《清议报》上发表了《杂感十首》，述怀明志。其中五首吟道：

拳军猛焰逼天高，灭祀由来不用刀。
汉种无人创新国，致将庞鹿向西逃。

前后谭唐殉公义，国民终古哭浏阳。
湖湘人杰销沈未？最谕吾华尚足匡。

贼力何如民气坚，断头台上景怆然。
可怜黄祖骄愚剧，鹦鹉洲前戮汉贤。

烂羊何事授兵符，鼠辈无能解好谋。
驰电外强排复位，逆心终古笔齐狐。

而今国土尽书生，肩荷乾坤祖宋臣。
流血救民吾辈事，千秋肝胆自轮囷。

（曾业英编：《蔡锷集》第 14—15 页）

蔡锷在唐才常自立军失败中，虽未遇难，却也不安全。樊锥想到了蔡锷，乃想方设法，托江南水师提督杨晋岩资助经费，让其重返日本继续学习。

蔡锷返日后，与友人共同组织"开智会"，创办《开智录》，蔡锷以奋翮生笔名，为开智会写序，中心意思是要启发群众的智慧，发动群众进行革命斗争。蔡锷还与戢翼翚、王亮畴、沈虹斋、杨圑堂等创设《国民报》，宣传民族主义。不久，蔡锷以私费进入陆军成城学校，学费主要以译著之稿费自给。这时，梁启超在日本横滨出版《新民丛报》，邀请蔡锷协助工作，蔡锷以奋翮生、击椎生笔名积极撰稿，《军国民篇》就是刊登于 1902

年初《新民丛报》上的重要著作，也是蔡锷早期的重要论著，着重宣传了"军国民主义"的思想和学说。

蔡锷极力主张中国应实行"军国民主义"，以改革清政，强盛国家，抵御外侮，建设家园。因为这一时期，由于清政府腐败，国力孱弱，民族危机严重。各行各业的爱国青年们，希望从不同的方面，寻求救国救民的道路，于是出现了教育救国、科学救国、军事救国等主张。军国民主义就是被一部分爱国青年认为是军事救国的改革良方、救国良药。这种军国民主义并非穷兵黩武，而是要求从军事方面进行改革，以达到富国强兵、拯救民族危机的目的。蔡锷的《军国民篇》，是我国较早宣传军国民主义的论著，它对军国民主义的形成以及军国民教育思想的勃兴，以至"军国民教育会"的出现，都起了积极的作用。（曾业英编：《蔡锷集》第163—182页）

蔡锷的《军国民篇》发表后，日本人河边五郎曾将此文，与蒋方震所写的《军国民之教育》一文，合编为《军事篇》一书，先后印行七版。可以认为，蔡锷宣传军国民主义，是戊戌维新以后呼吁改革声音的继续。

三、"中国士官三杰"之一

1902年7月，蔡锷在陆军成城学校毕业，成绩列为优等。8月，以候补生投入仙台骑兵第二联队入伍。学习期满，于同年11月以自费生考入日本东京的陆军士官学校第3期，后来，在梁启超等人的帮助下，终于得到湖南当局给以官费待遇。

这一时期，年青的蔡锷正是思想活跃的阶段，并广泛结交各方面人士，他既尊崇梁启超，又为孙中山的座上客，还结识了黄兴、杨度等湖南留日学生，交往密切。

1902 年冬，他与黄兴、张孝准、周家树、杨毓麟等湖南留日学生创办《游学译编》，这是一种用中文翻译外文资料为主的月刊，着重宣传民族革命和民主思想，后来游学译编社扩大为"湖南编译社"，蔡锷、黄兴都直接参加了编译工作。1903 年初，蔡锷以"湖南留学生"名义，在《游学译编》上发表了《致湖南士绅诸公书》，继续呼吁改革。这篇文章，蔡锷以很大的篇幅，叙述了日本由于改革而强盛的历史过程，使日本成为东亚历史上"独一无二，善变善学，精进不退的祖邦"。而中国的现实却是"一切授人以包办，任人以奴肉"。他幻想，希望和要求湖南的当权士绅们，能够向日本学习，集巨款，开译局，进行改革。只要湖南一变，中国也随之可变。这个改革要求，虽然当时难以兑现，却在中国东南地区颇有影响。

（曾业英编：《蔡锷集》第 251—256 页）

恰也在这一时期，沙俄侵占我国东北，引起我国学生及留日学生们的愤怒，纷纷起来反对。蔡锷参与了留日学生在东京锦辉馆举行的有数百人参与的大会，声讨沙俄对我国东北地区的侵略罪行。会后，蔡锷、黄兴、蓝天蔚等人发起组织拒俄义勇队，进行军事训练，要求去东北抗击沙俄侵略军。然而清政府却认为"名为抗俄，实则革命"，串通日本政府，强令才成立几天的拒俄义勇队立即解散。义勇队组织虽然被迫解散，但学生们的爱国精神却在继续高涨。在蔡锷、黄兴、陈天华等人的提议下，将拒俄义勇队改名为"军国民教育会"，其宗旨是"养成尚武精神，实行民族主义"。

1903 年初，蔡锷到日本陆军士官学校报到，正式入学。日本陆军士官学校虽是一所正规的军事学校，然而却还是较初级的，是以培养中下级军官为目的的学校，故以"士官"军校为名。只是由于中国正处革命风暴来临的特殊阶段，急需军事人才。所以从这所学校毕业回国的学生中，出现了众多的高级将领，这是始料所不及的，也是日本军界诧异的。这所军校之所以成名，并不是它在日本军校中如何突出，而是因为从这所学校走出的中国学生，许多人成为辛亥革命前后的高级将领和风云人物。

蔡锷到日本陆军士官学校，分在骑兵科学习，经过刻苦的学习、锻炼，学会了一套出色的骑马特技，获得了教师和同学的赞佩。他除了学习军事和研究军事理论以外，还注意联系战争的实际，研究俄国和日本的战略战术问题，提高实战能力。1904 年 11 月，蔡锷毕业于日本陆军士官学校，在 100 多名毕业生中，毕业成绩蒋方震（百里）名列第一，蔡锷名列第五。蒋方震、蔡锷、张孝准三人同时毕业，当时人们称他们三人为"中国士官三杰"。（陶菊隐：《筹安会"六君子"传》第 135 页，中华书局 1981 年版）

这里还要提到的是，蔡锷在日本留学期间，参与了邹容《革命书》一书的起草工作。蔡锷曾与邹容、胡景伊、蒋方震等人围炉座谈，烘烤腊肠，讨论《革命军》一书。因此，书成后，蔡锷题写书名为《腊肠书》，后定名为《革命军》。《革命军》一书的问世，是资产阶级革命思想取代资产阶级改良思想而成为时代的主流，以及中国资产阶级民主革命开始高涨的标志之一。蔡锷事实上是《革命军》一书作者之一。（刘禺生：《世载堂杂忆》第 149 页，中华书局 1960 年版）

第三章

广西风波

学成归国，初履新职

"人中吕布，马中赤兔"

突遇"驱蔡"，临危不惊

一、学成归国，初履新职

蔡锷在日本陆军士官学校毕业后，于1904年冬整装离日本返回祖国，途经上海。时黄兴在上海，与杨笃生、章士钊等人在英租界余庆里设一书局，作为革命活动的秘密机关，并在这里创设爱国协会（华兴会的外围组织），蔡锷应邀参加了这一协会，而且戎装革履，佩剑锵然，给人留下很深的印象。

蔡锷入会后，黄兴邀他与杨笃生、章士钊、陈天华等开会讨论，拟分途运动大江南北之学界、军队，起义于湖北或江苏。不料，黄兴在上海的行踪，被清朝当局侦知，即以嫌疑犯将其逮捕入狱。蔡锷与杨笃生、蔡元培等四处奔走，筹集经费，进行活动；蔡锷又求助于好友龙璋资助巨款，打通关节。而江西巡抚夏时亦来电，要求上海道释放黄兴以及在上海被捕的江西新军统领郭人漳。清朝当局尚未查明这些人的身份，缺乏罪证，遂将黄兴、郭人漳等释放。

蔡锷回国，甚为活跃，又曾致书湖南，请力行新政，因而名声远播，江苏、江西、湖南都争相延聘。经一番考虑，蔡锷乃应江西巡抚夏时之请，担任江西续备左军随营学堂（材官队，即将升学堂）监督。但是，一周以后，夏时调往陕西，蔡锷又因编译社事务亟须结束，乃辞职去日本处理了事务，然后返回湖南老家省亲。

湖南兵备处总办俞明颐，见蔡锷回到家乡，遂向巡抚端方建议，留蔡锷在湖南帮助训练新军，端方欣然同意。到1905年初，蔡锷遂出任湖南兵备处帮办，兼武备、兵目两学堂教官。他到职后，工作认真负责，训练严格。任职时间不长，却培养出一些优秀的学生，包括后来追随他的雷飚、岳森、谭道源等。

在湖南长沙，蔡锷登上岳麓山，心潮澎湃，放眼祖国大好河山，浮想联翩，情不自禁，口占一绝：

> 苍苍云树直参天，万水千山拜眼前。
>
> 环顾中原谁是主？从容骑马上峰巅。

（曾业英编：《蔡锷集》第 262 页）

这首诗抒发了蔡锷的宏伟抱负，为了祖国的安危和民族的命运，誓志横刀跃马，搏击在时代漩涡的峰巅。

1905 年夏天，曾任湖南巡抚、现任东三省总督的赵尔巽，希望蔡锷到奉天（今沈阳），将委以重任。而广西巡抚李经羲也希望蔡锷到广西，发挥更大作用。蔡锷在各方争相延揽的情况下，经过一番考虑后，决定去广西。他把去广西的原因归纳为几点：第一，广西的风土民情，比较了解；第二，广西的人民具有刻苦耐劳的本性，而且也有团结的精神；第三，因为地理形势的关系，使广西得以保持住质朴忠厚的社会习尚，人民很朴素、善良；第四，它虽然只是个穷乡僻壤，但境内所储藏的枪炮、弹药及各种军事装备却很齐全；第五，因为它地处边区，反而具有非常重要的军事地势价值。只要假以时日，我要把广西塑造成"中国的普鲁士"。（魏伟琦：《风云长护——蔡松坡传》第 41—42 页，台湾近代中国出版社 1983 年版）

蔡锷就是抱着把广西塑造成"中国的普鲁士"的心情，于 1905 年 8 月去广西，初履新职，劲头很足。就这样在广西一干就是五年多，先后担任广西总参谋官兼总教练官，随营学堂总理官，新军常备总教练官，巡抚院部总参谋官，广西测绘学堂堂长，广西陆军小学总办等职。

蔡锷在广西任职期间，工作刻苦，且秉公办事，不徇私情。1908 年初，有位名叫唐希拚的湖南青年，从湖南赶到广西请求入广西陆军小学学习。

唐希拚的父亲原是湖南造纸厂的厂主，曾周济过蔡锷的父母，后又被蔡锷请来广西进行新法造纸的试验；唐希拚的叔叔唐璹，和蔡锷同在樊锥门下读书，是老同学。唐希拚有了这两层关系，所以赶来广西，但到广西时误了考期，因而希望动用关系，请求在广西陆军小学附读。蔡锷表示，限于部章，难以通融，未曾允许。直到第二期，唐希拚考试合格，才进入广西陆军小学堂学习。（唐希拚：《回忆蔡松坡创办广西陆军小学》，《湖南文史资料》第 4 辑第 221 页）

二、"人中吕布，马中赤兔"

蔡锷在广西陆军小学堂的业绩，还可以从李宗仁的回忆中，得到印证。李宗仁回忆说，广西陆军小学堂成立于 1906 年，由广西兵备处总办蔡锷兼任陆小总办。陆小是新创办的官费学堂，待遇甚优，学生除供膳食、服装、靴鞋、书籍、文具外，每月尚有津贴以供零用。李宗仁考上陆小第二期，但因报到时迟到 10 分钟，即取消入学资格。可见，陆小要求严格，办事认真。延至第二年，李宗仁考取了第三期，才得以入学。陆小教官多半是日本士官学校毕业回国的留学生，穿着绣有金色花纹的蓝呢制服，长筒皮靴，腰间挂着明亮的指挥刀，威风凛凛。陆小的训练，摹仿日本式，十分认真。总办蔡锷不时来校视察，我们对他敬若神明。蔡锷那时不过 30 岁左右，可称文武双全，仪表堂堂。他骑马时，不一定自马的侧面攀鞍而上。他常常喜欢用皮鞭向马身一扬，当马跑出十数步时，蔡氏始从马后飞步追上，两脚在地上一蹬，两手向前按着马臀，一纵而上。这匹昂首大马，看来已够威风，而蔡氏纵身而上的轻松矫健，尤足惊人。我们当时仰看马上的蔡将军，真有"人中吕布，马中赤兔"的感觉。（《李宗仁回忆录》上册，第 43 页，广西文史资料专辑，1980 年版）

1906 年秋，清政府在河南彰德举行新军秋操演习，袁世凯以全国练兵处会办大臣名义，主持演习。蔡锷奉令观操，并派为秋操演习的中央评判官。这是蔡锷与袁世凯的第一次见面与合作，不过双方似乎没有进一步的交往。操毕，蔡锷赴北京考察，有要人邀约蔡留京任禁卫军团长，蔡锷未能答应。蔡锷返回广西后，又陆续担任兵备处总办（后改为参议官），新练常备军第一标标统，龙州讲武堂监督，广西混成协协统，学兵营营长，督练公所三处（参谋、兵备、教练）总办及干部学堂总办等职。

在广西数年，蔡锷主要抓了两件大事：一是加强边防建设，二是培养军事人才。

关于加强边防建设。广西地处祖国南疆，边防重要。1906 年蔡锷兼任广西兵备处会办后，即悉心考察和研究边境防务，撰写了《越南重塞图说》（又名《越南用兵计划》）及《桂边要塞图说》两本书，可惜这两本书及蔡锷在广西历年所记日记数册，已全部遗失。1907 年，蔡锷陪同广西巡抚张鸣岐视察沿边各地，短衣匹马巡行四千余里，考察边疆地区的山川地势及风土人情，逐一写下札记，亲手草绘略图，提出了加强广西边防的完整计划，建议修建一条贵邕铁路（从贵阳到南宁），修建沿边炮台，改善防汛工作，整顿边防军务等。1909 年，蔡锷又派遣随营学堂学生分头勘测路线，为建设广西全省军路作准备。

关于培养军事人才。蔡锷对练兵、培养军事人才非常重视。他到广西后，提出练兵主旨是：一、为求中国独立自由，必须战胜至少一个帝国主义国家，以此作为最高目的；二、为达此目的，必须全国一致；三、广西必须为把握全国之枢纽。要完成此事，必须培养和团结新人。蔡在广西陆军小学堂任职期间，特聘请一批从日本陆军士官学校毕业回国的留学生任教官，对学生进行严格的训练，平素要求学生也很严格。1908 年担任广西新练常备军第一标标统期间，曾亲自征兵数百名。他的征兵标准是：一、必须是有一定文化的青年；二、必须具有淳朴耐苦的品性；三、要明确当兵的责任。1909年，蔡锷接办龙州讲武堂，大刀阔斧，进行改革，严肃军纪，尽力整顿，对不称职的官员不留情面，悉行黜退。在学兵营时，曾一天之内撤换官长20余人，仅留一排长。这种大刀阔斧的整顿，收到了明显的效果。蔡锷自己也说，过去广西军队中的丑态怪状，在"军箭军棍之下，不复前萌故态矣"。这些都表现了青年军官蔡锷的活力和军事才干。（曾业英编：《蔡锷集》第274页）

三、突遇"驱蔡"，临危不惊

随着形势的变化，特别是在南方与革命党人频繁的接触过程中，蔡锷的思想发生了明显的变化，对革命党人的同情和赞助有所增加。1907年，同盟会在广西镇南关（今友谊关）发动反清武装起义，黄兴改换姓名为张愚诚，偕同赵声，秘密访问了蔡锷，交换了意见，通报了镇南关起义的计划。如此重大事件，黄兴敢于在事前与蔡锷密商，而且蔡锷确乎没有暴露秘密，这说明他与革命派已有了相当深入的关系。

蔡锷性格沉静稳重，思考问题冷静，对重大问题，不到一定时候，一般不轻易表态，也不任意行动。正如朱德回忆后来蔡锷到云南任职时所说，蔡锷"过着与人隔绝的生活，冷静、稳健、隐退"。（史沫特莱：《伟大的道路——朱德的生平和时代》第101页，三联书店1979年版）在广西任职时，蔡亦是如此。当时负责广西同盟会支部的年青人耿毅、何遂，曾带着黄兴的介绍信准备去找他，但是这时在桂林的蔡锷已当了大官，表面上满嘴官话，出门坐大轿子，不像个革命派。为了防止意外，耿毅、何遂不便直接把信交给他，而留下一封信在他的办公桌上，大意说："我们路过香港，遇见你的好友黄君，带来书信一封，请于某晚9时在江南会馆门前一叙。"到了约定的那天，耿毅等从晚上 8 时等到 11 时，蔡锷也未来。这样就引起了广西年轻的同盟会员们对蔡锷政治态度的怀疑，并且准备设法对付他。

尚未行动，新的事件发生了。事情经过是这样的：

广西是边防地区，本拟练兵一师一旅，但广西是个穷省，一年地丁税和各种杂税收入仅 305 万两，连行政费开支都不够，每年由四川协济 20 万两，广东协济 50 万两，湖南协济 10 万两，才勉强够开支。训练军队一个师，一年即需经费 130 万两。由于经费紧张，所以决定将已编成的一个师缩编为一个混成协（旅），这样广西干部学堂第二期培养出的 170 名军官，就难以全部安置。身为干部学堂总办的蔡锷，经护理广西巡抚魏景桐批准，决定采用甄别的办法，考核品行，考试语文，好的留用，差的淘汰。考核结果，广西籍学生 121 人，淘汰的就有 49 人，占到 40%；外籍学生 57 人，淘汰 12 人，仅占 20%，其中湖南籍学生 29 人，淘汰为 6 人。广西学生看到广西籍淘汰的人较多，大为不平，纷纷抗议。同盟会广西支部的一些年轻盟员，趁机宣扬蔡锷任用私人，袒护同乡（湖南同乡），排斥广西人，通过同盟会的组织关系，动员干部学堂、陆军小学堂、学兵营等单位罢课、罢操，掀起了"驱逐蔡锷出广西"（"驱蔡出桂"）的风潮。最初，蔡锷没当回事，不予理会。

同盟会广西支部并不甘心，又运动师范学堂、政法学堂罢课，广西咨议局议长甘尚贤，副议长黄宏宪、议员蒙经等也在咨议局弹劾蔡锷。但是，蔡锷还是无动于衷。同盟会广西支部又发动商会罢市，并活动《梧州日报》主笔陈太龙，联合了梧州的学堂、商会、报馆，打电报给护理广西巡抚魏景桐，要求蔡锷离桂。

广西驱蔡风潮传到北京。清政府怕风潮闹大，不可收拾，乃派广东督练公所总办吴锡永赴广西查办。吴锡永于 1910 年 12 月到广西后，经过一番认真调查，于1911年1月8日正式向北京政府报告了事件始末。报告的最后结论说，经博访舆论，细核案卷，复于当时在事各员详加询问，平心而论，蔡锷于剔退学生之事，上系奉抚院严谕，下有监督、科长各员之分任试验，去留之际，本无成心。调查该堂学生成绩表及试卷，一再详核，尚无不公之处。惟查表内有湘籍学生宾心亚一名，其品行、国文分数均应剔退，独算术尚优，仍予留堂。查湘桂本属联界，湘人寓桂，本多于他省。蔡锷平日用人，稍重乡谊，似所难免。然而少数对蔡锷有成见的学生，竟乘间联合咨议局议员及其他学生等，不惜捏砌多款，禀讦蔡锷，欲其必去而甘心。细指查指攻各节，大半诬枉挟嫌，间或事近确凿，亦均别有理由。所禀蔡锷贪污舞弊各节，尽皆虚拟无实。这样，对蔡锷诬陷得以澄清，恢复了名誉。风波遂告结束。(《前清宣统年间广西干部学堂风潮始末文件》，李文汉辑《云南辛亥护国史料丛钞》附录，手稿复写本)

正在广西"驱蔡"风波掀起之时，前广西巡抚、现任云贵总督李经羲特致电蔡锷，邀请他到云南担任要职。蔡锷不愿在广西久留，遂表示同意辞去广西的职务，去滇就职。

有趣的是，蔡锷离桂前，专门设宴招待了广西年轻的同盟会员何遂、耿毅等人。席间，蔡锷对他们说，你们何苦撑我，你们是革命党，我比你们资格更老。你们太年青，浑身带刺儿，不小心将来难免有杀身之祸。我在此尚可以为你们敷衍，我走后你们更须自爱，千万不可拔苗助长。说着在桌上取过一个大炮筒子，放在何遂的面前，继续说，这个送你们作个纪念，成大事的人要有个修养，你们念过苏东坡的《留侯论》吗？所谓"卒然临之而不惊，无故加之而不怒"。你们能做到这一点，当成大事。(何遂：《辛亥革命亲历纪实》，《辛亥革命回忆录》第一辑，第467—468页；耿毅：《辛亥革命时期的广西》，《近代史资料》1958年第4期第93页)

蔡锷的态度表明，虽然广西同盟会支部年轻的盟员们掀起了驱蔡风潮，蔡锷心中十分明白,但并未因此而怀恨在心,确乎是按照"卒然临之而不惊,无故加之而不怒"的思想处世,并对这批年轻的革命者进行了必要和耐心的帮助和劝说,使他们能够更沉着、更稳重,也更成熟。

还在这之前的 1909 年,蔡锷在广西曾与有关军界人士创立了武德会,嗣后改为秘密组织建国团。这个组织是联络军人,具有反清性质的社团。

第四章
重九起义

一、云南，蔡锷的第二故乡

云贵总督李经羲到云南上任后，对云南新军总参议、北洋派的靳云鹏飞扬跋扈、专权任私，颇有疑虑，一日召见云南陆军讲武堂总办李根源、云南督练处参议官兼陆军小学堂总办罗佩金时，对他们说，靳云鹏心不正，难倚信，如果有适当军事人才，请推荐。李根源恐李经羲有诈，没有立即表示意见。亦曾留学日本的同盟会员罗佩金，竭力推荐蔡锷，才堪大用。李经羲在广西巡抚任上，已经知道蔡锷，遂欣然同意，不过要罗佩金在事成之前保守秘密。罗佩金即将李经羲的意见转告蔡锷，而蔡锷这时正碰上广西的驱蔡风波，遂表示愿意来云南任职。李经羲即命罗佩金，汇千金给蔡，希望他早日来滇。

蔡锷之所以愿意来昆明，除了广西驱蔡风潮和李经羲的邀请外，还有别的因素。蔡锷认为，从当时中国形势发展来说，昆明的革命形势和地理条件，都是很值得注意的。一方面，昆明是南方革命党人活动的重要地区，革命时机日益成熟；另一方面，以地理条件而言，云南与广西有共同点，都是祖国的西南边疆省区，又都与越南相连。蔡锷在广西任职时，曾微服进入越南，侦察法军阵营及各要塞布置状况，情况较熟悉。来到云南，对边防建设心中有数，而且还可以进一步了解法国在云南的情况。

还在广西任职期间，蔡锷就比较关心云南问题。他曾以击椎生的笔名，于同盟会云南支部在日本创办的刊物《云南》杂志上，发表了《云南外交之失败及其挽回》、《西江警察权问题》等文章，强调云南地处祖国西南边疆的重要战略地位，痛斥卖国贼出卖祖国权益的罪行。他建议，保护路权，以强硬手段限制法兵入境，收回滇越铁路权，开发矿产，发展商业、邮政，加强货币流通管理等，只有云南发展了，才能打破法国攫取云南的迷梦。

他对云南关怀的情感跃然纸上。

这一时期，云南发生一个震动全国的片马问题。片马地区在云南省的西部，与缅甸接壤，自古以来就是中国领土不可分割的组成部分，各族人民在这里开拓祖国的边疆，最迟在元代，即在此设官治理。1840 年鸦片战争以后，中国门户洞开，边疆地区出现了严重危机，云南与法国殖民地越南、英国殖民地缅甸接壤，直接受到威胁。英、法侵略者多次骚扰入侵云南地区，1910 年底，英国集中 2000 余人，向我滇西小江地区进攻，并于 1911 年 1 月 4 日占领片马。我云南边疆各族人民奋起反抗，消息传入内地，全国舆论沸腾，人民群众纷纷举行抗议集会，并要求清政府立即出兵，收复失地。云南省城各界组织了"保界会"，并派出代表向北京政府请愿。云贵总督

蔡锷像

和清朝中央政府都向英国提出严重抗议，不承认英国对片马地区的占领，保留收回这一地区的权利。蔡锷对云南形势的估计，对片马问题的关心，表示要"厉兵秣马，赴机待死"，促使他下定去云南的决心。（曾业英编：《蔡锷集》第285页）

蔡锷来到云南是其一生的重要转折，他一生的两大主要功绩（领导辛亥云南起义、领导反袁护国战争），都是在云南奠定的。因而，云南成了蔡锷的第二故乡，他自己也说，对云南"心实爱戴"，使之成为"第二桑梓"。（曾业英编：《蔡锷集》第725页）

二、中国十大兵书之一

1911年初，蔡锷来到云南，准备赴国防前线，与侵略者决一死战。但是，他经过一番调查以后认为，滇中军事较桂省尤难，必须加以整顿，尤重要精神整顿。为此，在新职尚未正式任命以前，下决心伏案著书，乃辑录清代名将曾国藩、胡林翼治兵语录，附以蔡锷的按语，加以阐发，编纂成《曾胡治兵语录》一书，以为训练军队的"精神讲话"。

蔡锷从曾国藩、胡林翼二人的著作中，选择有关治兵言论，分类凑集，附以按语，以代"精神讲话"。蔡锷将曾、胡二人治兵语录，分为12类，逐一辑录。每辑录之后，都附有自己的按语。12类是：将材、用人、尚志、诚实、勇毅、严明、公明、仁爱、勤劳、和辑、兵机、战守。（曾业英编：《蔡锷集》第285—313页）

蔡锷编纂此书，附以按语，自然对曾国藩、胡林翼推崇备至。例如，蔡锷对曾胡"以良心血性为前提"来选拔和培养将领的思想，认为是"扼要探本之论"；对曾国藩提出的"陶冶而成"，不拘一格选人才的主张，完全赞同；对曾胡主张"诚实"二字引导士兵养成高尚的志向，不为金钱、地位所诱惑，做到"忠愤耿耿"的治军思想，认为是"至理名言"；对曾胡关于公正廉明、知人晓事的治军思想，肯定为"持论至为正当"；对曾胡提出的"恩威并生"的治军思想，表示认同。蔡锷特别强调曾胡所说"爱民为治兵第一要义"的思想。

然而，我们还要说明，蔡锷编纂此书的本意，并不完全同于曾胡，主要是针对当时的民族危机以及清廷的腐败无能，希望加以"挽回补救"。这种愿望，在蔡锷所加按语中，均有明显反映。他说，编辑此书，是由于帝国主义各国企图瓜分中国和中国边疆危机日益严重所引起，编辑的目的则是为了"厉兵秣马"，以对付外国的侵略。因而，此书并不囿于曾胡的理论，而是从现实实际出发，提出了诱敌深入、打持久战的战略思想，形成了具有近代军事思想的特色。此书对前人既有继承，又有创新。在近代军事思想史上占有重要地位。这部有影响的兵书成为中国历史上的十大兵书之一。中国历史上十大兵书是：《孙子兵法》、《司马法》、《吴子兵法》、《孙膑兵法》、《尉缭子兵法》、《六韬》、《黄石公三略》、《诸葛亮兵法》、《唐太宗李卫公问对》和《曾胡治兵语录》。

这部兵书完成后，最初只作为教材，并未公开印刷。蔡锷去世后一年，即1917年，由上海振武书局首次刊印，梁启超还写了一个"序"，指出编纂此书是"以救国为目的，以死为归属，不足渡同胞于苦海，置国家于坦途"。1919年，李根源又在广州重印此书。

1924年，广州黄埔陆军军官学校曾将此书作为教材，发给学员，人手一册。当时黄埔军校校长蒋介石又为之作序，并亲自增辑"治心"一章，以《增补曾胡治兵语录》书名，再版印行。可见《曾胡治兵语录》一书已有相当影响。

1943年，八路军《军政杂志》曾出版《增补曾胡治兵语录白话句解》，1945年八路军山东军区重印出版。1995年巴蜀书社复将增补本整理出版，书后附有《曾国藩论军事谋略》万余言。此后又有九州图书出版社1997年，吉林人民出版社1999年，中国民族摄影艺术出版社2002年，广西师范大学出版社2007年，中共中央党校出版社2008年，中央编译出版社2009年等多种版本。其中，中央编译出版社2009年版，书名为《曾国藩胡林翼治兵语录》，封面大字注明："黄埔军校重要教材"。正文前补充了湘军中的许多战例，详加解释、说明。

《曾胡治兵语录》列入中国历史上（辛亥革命以前）十大兵书系列，不断重印、走俏，这是蔡锷当年没想到的。但是，它却以无声的语言说明，这是一部有影响的兵书，蔡锷自然也应成为近代中国著名的军事学家。

三、参与辛亥昆明起义的准备

1911年7月，经云贵总督李经羲奏准清廷，正式任命蔡锷为新军第十九镇第三十七协协统（旅长）。当时云南只建成新军一个镇（师，即第十九镇），下辖两个协（旅），即第三十七、第三十八协，蔡锷作为第三十七协协统，已是云南新军的高级军官，且掌握着新军一半的军权。

清末的云南，民族矛盾和阶级矛盾都十分尖锐。1905年，中国资产阶级第一个政党——中国同盟会成立不久，孙中山在日本东京会见云南留日学生时即明确指出，云南最近有两个导致革命的因素，一个是贪污官吏，已引起全省人民的愤慨；另一个是外侮日亟，英占缅甸，法占安南（越南），皆以云南为其侵略目标。云南人民在官吏压榨与外侮侵凌下，易于鼓动奋起。（李根源：《云南杂志选辑》序言，科学出版社1958年版）所以，同盟会成立时，云南留日进步学生杨振鸿、吕志伊、李根源、赵伸等立即加入同盟会，在短期内组织同盟会云南支部，创办了同盟会云南机关刊物

《云南》杂志，并且派人回云南，宣传群众，组织群众，发展同盟会员，撒播革命种子。1908年同盟会在云南境内领导的两次起义——河口起义和永昌（保山）起义，虽然都失败了，却进一步促进了云南人民的觉醒。

清王朝为了挽救自己垂亡的命运，进一步加强了对人民的控制，在中日甲午战争之后，决定重建新式陆军。20世纪初年，清政府决定将全国新式陆军编成36个镇，地处边陲的云南，计划建立新式陆军两个镇。1906年，按照全国陆军编列的番号，云南建成的新军一个镇被授予第十九镇的番号。为了培养军事人才，云南于1909年建立了云南陆军讲武堂，时值日本陆军士官学校第六期中国留学生毕业回国，云南当局遂任用大批留日学生为讲武堂教官，如李根源被任命为讲武堂监督（后为总办），李烈钧、方声涛、赵康时、沈汪度、唐继尧、张开儒、罗佩金等皆为讲武堂教官。与清朝统治者的愿望相反，云南讲武堂为同盟会员提供了重要的活动场所，革命党人在事实上掌握了云南讲武堂的大权。讲武堂学生来源是两个方面：一是新军第十九镇和巡防营中的下级军官，二是招收部分社会上的青年和学生。学生们毕业后回到原部队或分到新军中，这就大大地扩大了对军队的革命影响。

蔡锷担任新军第十九镇第三十七协协统时，面对着的形势，不仅是十九镇两协的官兵素质较好，器械新置，武器精良；而且在军队中弥漫着革命情绪，军官中的同盟会员及受革命影响的士兵不少。在全国革命形势影响下，第十九镇军官中的同盟会员的态度更为激进，活动频繁。全国革命形势和新军中的革命酝酿不能不影响具有正义感和爱国民主思想的蔡锷。不过，蔡锷比较沉静、稳重，从未表现出对清廷不满之意；但是他暗中却和同盟会保持着联系，也对讲武堂同盟会员的革命活动作了很好的掩护。一日，新军排长、同盟会员黄毓英会见蔡锷，述说革命酝酿的情况，蔡锷却告诫说："时机不到干不得，时机成熟时绝对同情支持。"这实际

上是一次半公开的表态。（詹秉忠、孙天霖：《忆蔡锷》，《辛亥革命回忆录》第三集第 432 页）

蔡锷担任协统以后，有意识地安排了一些同盟会员到三十七协各标（团）、营、连、排中任职，把营长以上的主要干部大多换成了具有推翻清王朝思想的革命人物。辛亥云南起义前夕，深受革命影响的大批云南讲武堂师生，分别到新军中任职，这样部队的士兵被革命党人掌握，这就为辛亥云南起义打下了良好的基础。

1911 年 8 月，四川人民的"保路运动"发展到了高潮。四川各界反对清政府向帝国主义出卖路权的"铁路国有"政策，在请愿、示威遭到镇压后，四川人民组成"保路同志会"和"同志军"，拿起武器，奋起反抗。四川人民的武装保路运动给昆明地区的革命党人以新的刺激。而同盟会机关部发出通告，约期起事，革命党人加快了行动的步伐。

1911 年 10 月 10 日，辛亥武昌起义爆发，风声所播，全国震动。云南同盟会员和革命人士兴奋异常，准备积极响应。为了准备起义，在昆明的革命志士连续举行了五次秘密会议，蔡锷参加了其中的四次会议。

10 月 16 日晚 7 时至 11 时，云南同盟会员唐继尧、刘存厚、殷承瓛、沈汪度、张子贞、黄毓成等人在昆明刘存厚家举行第一次秘密会议，酝酿响应武昌起义事，会议决定联系"稳慎周详，可与谋革命之人员"及"同议可共事革命之人员"。蔡锷被列为"稳慎周详，可与谋革命之人员"名单中的第一位，所以从第二次秘密会议起，都邀请了蔡锷参与。

接着，10 月 19 日、22 日、25 日、28 日，又分别在刘存厚、沈汪度、唐继尧的家里召开了第二、三、四、五次秘密会议，蔡锷参加了这四次会议。在第二次秘密会议上，决定广泛联络官兵，组织革命小团体，坚定大家的信心，作有把握之准备；同时预备武器、弹药，以备急需。第三次秘密会议上，由刘存厚、谢汝翼、韩凤楼分别报告各方面工作进展情况。在

唐继尧

第四次秘密会议上，蔡锷及与会者唐继尧、刘存厚、沈汪度、张子贞、雷飚等歃血为盟，由殷承瓛于白纸上写出"协力同心，恢复汉室。有渝此盟，天人共殛"16个大字，书毕，火化调于酒中，分饮以结同心。在第五次，即最后一次秘密会议上，决定在10月30日深夜（即10月31日凌晨）发动起义，并推举与会者中职位最高、掌握新军实际军权的蔡锷为起义军临时总司令。起义进攻的计划是：省城东大门到小西门以北地区，归七十三标（团）占领，要点是军械局和五华山。省城东大门至小西门以南地区，归七十四标占领，要点是南城外巡防第二营和第四营、南城门楼、督署、藩库、盐库。炮兵阵地在大小东门及小西门至南门城墙一带放列，向督署、五华山、军械局射击。省城北门、小东门、小西门、南门之开启，归住在城内的讲武堂学生负责。其时，驻昆明第三十七协有两标，七十三标标本部在昆明北校场，七十四标标本部及炮标在南门外巫家坝。最后一次秘密会议制定了周密的计划，进行了比较严密、细微的分工。会后与会人员即

分头准备。（刘存厚：《云南光复阵中日志》，《云南辛亥革命资料》第30—32页，云南人民出版社1981年版）

与革命派积极准备起义的同时，以云贵总督李经羲为首的清王朝在云南的一批军政官员，包括陆军第十九镇统制（师长）钟麟同，十九镇总参议靳云鹏，兵备处总办王振畿等人，却力图分化瓦解和镇压革命党人。为此，李经羲命陆军小学堂总办李烈钧为赴北洋观操员，令其离滇；命罗佩金前往越南接运军火；令李鸿祥所领之七十三标第三营裁并，调防昭通，而要李鸿祥以空头管带（营长）身份去武定、富民等地招募新兵；谢汝翼则由钟麟同报请撤职。李经羲等人还企图收缴部分新军武器，另调一部巡防营到省城防范革命；在云贵总督衙门、五华山等要地修建防御工事；甚至准备搜捕革命党人。在昆明，革命与反革命的斗争已处于短兵相接、一触即发之势。

当昆明形势即将发生巨变的时候，云南滇西腾越（今腾冲）先于昆明地区，于1911年10月27日爆发了响应辛亥武昌起义的腾越起义，次日取得成功，建立了以同盟会会员张文光、刀安仁为首的滇西军都督府。腾越起义的成功，给正在准备的昆明起义以新的刺激。

四、重九之夜的激烈战斗

1911年10月29日，蔡锷根据第五次秘密会议的决定，赶往巫家坝，与七十四标及炮标各营管带中的革命者，商议、落实起义计划。10月30日（农历九月初九，重九日）晚7时，蔡锷以准备演习为词，下令各队事务长做饭，8时又令军需长李和声发给士兵枪弹，以为实弹演习之准备。蔡锷又在七十四标标本部召集刘存厚、雷飚、刘云峰、庾恩旸、罗佩金、谢汝翼等开会，决定午夜12时鸣号，集合步炮两标队伍，宣布革命宗旨，立即起义，反对者用手枪击毙。同时，截断电线，阻挡交通，不听命令者枪毙之。召集的会议尚未结束，即见城内大火冲天，情况已发生了意外的变化。

正在这时，电话铃不断地响着，蔡锷拿起了话筒。电话中传来急促的声音："松坡、松坡，是你吗？"

蔡锷已经听出来是云贵总督李经羲的声音，随即应声："是，是！"

李经羲接着说："北校场的士兵叛变，已向北门进攻。现在，我命令你，火急，马上率七十四标官兵进城，镇压叛军。火急，火急呀！"

蔡锷再次说："是，是！"放下电话，看看门外，昆明城北部火光甚大，已可隐约听见枪声了。他意识到北校场驻军已经提前行动了。在会场的所有军官几乎一齐站了起来，冲出门外，大家都意识到，必须马上行动，于是异口同声地说："将军，怎么办？"

蔡锷仍然不慌不忙地对军官们说："刚才是总督打来的电话，要我率军进城，平叛救驾。看来，北校杨的行动已经开始，我们要紧紧配合。现在，马上紧急集合！"

随着紧急集合的号声吹响后几分钟，七十四标及巫家坝的炮队官兵们，很快在操场上集合了，黑压压的一大群人，排列整齐，气氛严肃。蔡锷以稳健的步伐，走上了阅兵台，直截了当地宣布革命宗旨，并对作战方略作出了指示。蔡锷说："满清专制数百年，纪纲不振，政以贿成，四万万同胞如坐涂炭。现在武昌首义，四处响应，皆欲扫除专制，复我民权，我辈军人何莫非国民一分子？与其被疑缴械，徒手待戮，何如持此利器，同起义军，革命清廷，驱逐汉奸，复我山河，兴我汉室之为愈耶！果能如此，诚汉族之荣，军界之光也。"步、炮两标官兵，三呼"革命军万岁"口号，以示赞成。（刘存厚：《云南光复阵中日志》，《云南辛亥革命资料》第18页）蔡锷乃下令整队，出发攻城，以七十四标二营、炮队第一营为第一

朱德戎装照

纵队，目标占领五华山，进攻军械局；炮队第三营则占领东、南两城门。到半夜 12 时 30 分，巫家坝出发完毕。

就在这时，在讲武堂毕业不久，分到七十四标担任见习排长的朱德，冲到队伍前向蔡锷报告："二营左队队长（连长），带领两个排逃跑，我带领一排人紧紧追赶，包围了他们，追回了部队，但队长跑了。"蔡锷立即果断地命令说："那就任命你为队长，指挥该队！"朱德在火线上升官，从这时起，朱德与蔡锷就建立起了亲密的友谊，并视蔡锷为自己的"良师益友"。

蔡锷亲自率领这支队伍，迅速向城内推进，途中遇到奉命阻击起义军的马标（骑兵团），蔡锷争取其中立，对起义军不加阻拦，又迫使南门外的巡防营归顺起义军。蔡锷率七十四标进城，与从北门攻入城内的七十三标相配合，发动了强大的攻势。

原来，在 10 月 30 日晚上 8 时余，昆明北校场七十三标第三营李鸿祥所部排长黄毓英等派兵抬子弹，作起义准备，被值日队官、北洋派的唐元良追究，甚至鞭打士兵，情绪激昂的士兵开枪打死了唐元良，并杀死了另外几个反动军官，于是起义就提前几个小时由基层发动了起来。李鸿祥等立即率领七十三标起义官兵攻破北门，进攻五华山和军械局，于是发生了"大火冲天"的战斗。由于 10 月 30 日是农历九月初九，故史称昆明辛亥起义为"重九起义"。

由于起义提前了几个小时，根据起义军领导的分工，同盟会云南支部长李根源尚未来到昆明北门外的北校场。北校场七十三标的起义部队，由李鸿祥、黄毓英率领，向北门进攻。原来决定，起义开始，即由住在城内的讲武堂师生作内应，打开城门，让起义军入城。但约定时间未到，城门紧闭，起义军战士遂翻越北门城墙，砸开城门，指挥部队入城。此时，李根源赶到，与李鸿祥等指挥起义军分头进攻城内制高点圆通山、五华山以及军械局、造币厂等地，尤其将主力集中于五华山西侧的军械局，以求夺取武器弹药。

云贵总督李经羲、镇统制钟麟同、总参议靳云鹏等人得知七十三标"叛变"以后，除下令在昆明南郊巫家坝的三十七协协统蔡锷率七十四标进城"救驾"外，即由钟麟同、靳云鹏指挥巡防两营以及辎重营、宪兵营、机关枪队等部，抢占五华山东头之武侯祠、劳公祠等高地，对包围军械局的起义军进行反击，战斗十分激烈。

重九之夜，昆明战斗异常激烈。起义官兵不怕牺牲，浴血奋战，可歌可泣。如讲武堂丙班学员、七十四标第二营所属排长、起义时升任连长的朱德，身先士卒，英勇善战，率队参加攻打云贵总督署的战斗，很快缴了督署卫队的械，李经羲不得不仓皇逃走，隐匿民间。讲武堂甲班第二期毕业生、七十三标所属排长文鸿逵，在进攻五华山南麓之红栅子时，奋勇当先，破哨上山，露出半截身子勇猛射击敌人，被敌人机关枪扫射，胸部中弹如蜂窝状，壮烈牺牲。起义军下级军官董鸿勋、徐时云、包顺建、何国梁、姚小由、张权等在战斗中负伤，都不下火线，竭力死战，毫不退缩。讲武堂教官顾品珍，率领讲武堂学员，与敌人骑兵激战于南城门外，奋不顾身与敌人肉搏，头部受伤，亦不畏缩。起义军领导人之一的李根源，在指挥起义军攻城时，跳战壕扭伤了脚腕，不能行走，由两个士兵扶着，继续指挥战斗。起义军领导人蔡锷，一直在前线指挥，直到战斗胜利结束。

在辛亥昆明重九起义过程中，革命志士牺牲150余人，负伤300余人；敌方死者200余人，伤者100余人。可以认为，昆明起义，是除首义的武汉以外，独立各省革命党人组织的省城起义中，战斗最激烈、代价也最巨大的一次。（章开沅、林增平主编：《辛亥革命史》下册第145页，人民出版社1981年版）

蔡锷率七十四标和炮标进城后，即设司令部于江南会馆，亲自指挥战斗。战至第二日中午，起义军攻上城内制高点五华山，占领总督署。李经羲躲藏了起来，钟麟同当场被击毙，靳云鹏化装逃走，昆明重九起义乃宣告成功。

昆明重九起义成功后，云南各府、州、县，传檄而定，全省迅速光复。起义成功后几日，蔡锷找到了躲藏起来的李经羲，希望他出来主持云南的新政权，但李表示不愿意。蔡锷、李根源对李经羲优礼有加，赠以重金，将李经羲礼送出云南。有人对此事责难蔡锷，但朱德在《辛亥革命杂咏》诗中却肯定说："生擒总督李经羲，丧失人心莫敢支，只要投降即免死，出滇礼送亦宜之。"（朱德：《辛亥革命杂咏》，《辛亥革命诗词选》第157页，长江文艺出版社1980年版）

五、蔡锷首任云南都督

　　昆明重九起义成功当日（10月31日），蔡锷与起义军将领，商议了善后工作，主要是如何组织军都督府的新政权问题。11月1日，起义军官兵在昆明五华山两级师范学堂所在地组织了"大中华国云南军都督府"（又称"大汉云南军政府"），公推蔡锷为云南首任军都督。

　　云南新的军政府一成立，即对云南全省所属各地声明，云南起义的宗旨在铲除专制政体，建设善良国家，使汉、回、满、蒙、藏、夷、苗各族结合一体，维持共和，以巩固民权，扩张实力。宣布了政纲，发布了《计满洲檄》，重申了同盟会的16字纲领："扫除鞑虏，恢复中华，建立民国，平均地权。"并声明，"有渝此盟，四万万同胞共击之"。（《滇军政府讨满洲檄》，《辛亥革命》第六集第261页）

　　军政府发出了照会英、法两国领事文，通报新政权已经成立，以后一切交涉事宜，直接与本军政府交涉，方为有效。在当时条件下，照会的态

光复楼

度既是强硬的，也是有分寸的。同时发布《严禁将士肆入民居官宅搜索骚扰告示》。这个告示要求甚严，执行也比较坚决。例如，曾有一士兵戏放手枪一响，即罚徒刑二年。所以，辛亥起义以后，全省迅速安定，甚至土匪亦为之绝迹，被认为是奇迹。

军政府新成立时，府内置一院（参议院）、三部（参谋、军务、军政部）。参议院直属军政府都督的参议军事、政治的机关，后改为参议处，以军政部总长李根源兼参议院院长。参谋部主管军事上的一切计划，包括作战、调遣、谋查、测绘等之规划，以殷承瓛为参谋部总长，刘存厚、唐继尧为次长。军务部主管军备上一切事务，包括筹饷筹银、军医、军械、兵工、制革、被服等事宜的筹划，以韩国饶为军务部总长，张毅为次长。军政部主管内政上一切事务，包括民政、财政、外交、学政、实业、巡警、审判、民团等事宜之处置。以李根源为军政部总长，李曰垓、唐继尧（兼）为次长。此外，军政府还设有秘书处、登庸局、法制处、卫戍司令部、甄录处等机构。

行政机关略定，即计划设立法、司法两机关，确定三权分立原则。立法权属议会，以赞助共和之原省咨议局，改为临时省议会。以审判局为司

辛亥革命滇军纪念章

法机关，隶属民政厅。继而设立司法筹备处、高等审判厅、高等检察厅等。

1912 年 5 月，军政府所属之一部三院，改为一院（参议院）、二厅（政务、参谋厅）、一司（军务司）。人事亦有调整。省以下，旧设迤东、迤西、迤南、临开广道，现裁迤东道，保留迤西、迤南、临开广道，道尹改称观察使，添设滇中观察使，道以下为县，设县知事治理。

辛亥云南军政府作为新兴的资产阶级省一级政权机关，其组织是比较完备的，政策也较为稳妥，社会秩序颇为稳定。与当时全国各省相比，云南省内是相当稳定的。云南新政权成立后，没有发生过大的乱子，也没有出现过类似"政变"的事件。军政府内部机构的变化、官员的更迭，是通过正常的手续，或由议会决定，或由军政府和有关负责部门任命。应该说，在辛亥响应武昌起义后建立的各省新的地方政权中，云南军政府是比较有权威的。蔡锷也是满怀信心的，他这时留下的两首诗，很好地反映了他的心情

其一：

双塔峥峰拥翠华，腾空红日射朝霞；

遥看杰阁层楼处，五色旗飞识汉家。

其二：

东风吹彻万家烟，迎面湖光欲接天；

千载功名尘与土，碧鸡金马自年年。

（《长沙日报》1916 年 11 月 11 日）

第五章
军府改革

微服出访，编制建设大纲

关闭"后门"，两次带头减薪

从迟到罚款，到深化改革

滇西问题，矛盾化解

支援邻省，滇军称雄

一、微服出访，编制建设大纲

蔡锷出任云南都督之时，年仅 29 岁，虽然已担任军事领导数年，但缺乏从政经验。到底怎样治理一个省区，这是他面临的重大考验。他成了一省之长后，逐渐意识到，要稳定社会秩序，就必须迅速恢复和发展生产，增加财富，安定人民生活，使人民群众安居乐业。而作为一个经济比较落后、财政赤字庞大的省区，该从哪里入手呢？想来想去，还是先走历史上"清官"的道路，微服出访，体察民情，了解情况，调查研究，然后制定切实可行的改革措施。

蔡锷的微服出访不止一次，这里记录的是云南大学法律系教授、唐继尧的妹夫、民初云南著名人士李修家之弟李德家的回忆。他说，蔡锷有一次出访，虽然缺乏文字记载，然而在民初的昆明流传较广，大体上是可信的。

1911 年底的一个傍晚，蔡锷脱下了军装，换上了一套蓝布长衫，脚上穿着一双土布粗鞋，而且鞋尖的前沿已经破损，不带任何随从，走出了都督府（今昆明城内五华山云南省人民政府所在地）的大门，悠哉游哉地信步向大街走去。对这个瘦削矮小、穿着普通的年青人，除了熟悉他的部分军政官员以外，谁也不会想到他是什么大人物。

蔡锷到商店走一走，与售货员简单地交谈一阵，又到大街上旁听人们的街谈巷议，还主动与几位老者攀谈。这时的昆明，城区人口仅 10 万左右，城区狭窄，房屋陈旧，街道简陋，商品贫乏，人民的生活还比较穷困。人们因辛亥革命的成功而欢欣鼓舞，但又对当前的生活困难而忧愁焦心。这一切都给蔡锷留下了深刻的印象。他走着走着，在脑子里逐渐形成了一个概念，仅仅推翻清王朝的旧政权是不够的，云南需要改革，社会需要安定，经济需要发展，财政需要平衡，人民生活需要改善。只有这样人民群众才会从心眼里支持新的革命政权，新政权也才能逐步巩固。

不知不觉，夜已深了，街道上的行人少了，蔡锷这才想到自己也该回都督府了。蔡锷漫步来到五华山都督府前门的大门口，正准备进入大门时，大门岗亭的卫兵大吼一声："证件！"

蔡锷没有穿军衣，也没有带任何证件，而卫兵是刚换来不久的新部队的士兵，不认识蔡锷。蔡锷犹豫了一下，不便作任何解释，一声不吭地退走了。他想转到后门，也许不会这样为难。

蔡锷沿着华山南路、青云街，走到了五华山都督府的后门，后门的卫兵也不认识蔡锷，还是要证件。蔡锷很为难，又觉得不便说明自己的真实身份，遂对士兵说："请通报，我要会见都督夫人。"他要找自己的老婆来解围，但是卫兵无法理解，又问他是什么人，蔡锷仍然不便明说。于是，卫兵对这个穿着普通、其貌不扬的年轻人顿起疑心，忍不住提起手来，"啪，啪！"甩了蔡锷两耳光。

响声惊动了在传达室里的一个年青参谋。参谋赶忙出来看发生了什么事，不看则已，一看就慌了手脚。怎么，卫兵打了蔡都督？他赶上前，喊了一声"都督！"蔡锷虽然脸色不好看，但并未发脾气，也没有说什么话。参谋把蔡锷扶进都督府后，忙向蔡锷致歉和解释。蔡锷打断了他的话说："好吧，和我到办公室去一下。"

参谋丈二和尚摸不着头脑，跟着蔡锷进了都督办公室，点了灯。蔡锷在办公室找来一张便笺，写了手令。参谋站在旁边吓呆了，不知如何是好。蔡锷把手令写好后，交给参谋，又说了一句话："照命令马上执行。"参谋战战兢兢地看完了手令，一块石头落了地，忍不住笑了一声说："是！"

原来，蔡锷的手令说，特提拔后门卫兵为排长，立即执行。可是，当参谋拿着手令到后门时，卫兵不见了，只有一支步枪放在后门岗亭内。参谋与蔡锷进门时，卫兵知道自己打错了都督两耳光，心里非常害怕，无可奈何，只好放下枪，悄悄地逃走了。

后门卫兵虽然没有当上排长，然而这段佳话却留传了下来。蔡锷的为人做事及其性格，在这段佳话中得到了较充分的反映。熟悉蔡锷性格的当时人说，这个故事反映的事件，符合蔡锷的个性。

蔡锷不仅到社会上微服出访，而且对都督府的机关工作人员以及参议院的参议员们，也常接见、交流、了解情况。据云南大学历史系著名教授李埏回忆说，他的父亲是原清末咨议局的成员，辛亥后转化为参议院参议员。蔡锷出任都督后，曾逐个找了参议员们谈话。一天，蔡锷找了李埏父亲交谈，听取他的建议，谈话气氛融洽。谈话结束后，蔡锷送李埏的父亲出大门。在门口等待接见的另外几位参议员上前询问："见到都督了吗？"回答说："怎么没见着呢，刚才送我出来的就是蔡都督嘛！"一位参议员"啊！"了一声，又说："太年轻了，我看他穿的布鞋都烂了，大脚拇指都看得见了嘛！"

这就是蔡锷！

蔡锷在经过一番调查研究后，决定采取一系列措施，进行了某些带有资产阶级民主主义色彩的改革。蔡锷认为，一切政务，非通筹全局以定缓急轻重之序；非严立规章断难免始勤终怠之虞。于是，通知各单位，根据自身的力量和应办事务之轻重缓急，编制云南省之建设大纲，当时称为"滇省五年政治大纲"，这事实上是云南省历史上的第一个五年建设计划，由秘书处综合平衡。又下令编制办事章程时限表，由主管长官督励所属，按期进行，凡行政事务有应依据规章者，当中央法令未颁布以前，由本省编订暂行章程数十件，以便遵行。

这里应当提及的是，蔡锷设置了军政府政务会议，订于每周星期三照例举行。自都督以及省内各机关工作人员，及省议会议员、省参议处参议，皆举代表莅会筹议，讨论本省一切重大事宜。凡是讨论决定之事项，由都督下令各机关单位，限期办理。这样，除了少数决议事项，因财力所限，未能实现以外，大都已经遵照办理。从而使前清官吏敷衍因循之习，大为改观。

我们现在还能见到的云南军政府政务会议的部分记录，记录时间从1912年4月20日到6月5日，大体上记录了军政府这个时期的基本活动。军政府这一时期讨论的问题，既包括一系列重大施政方针，例如五年政纲，军政府预算案，各级官员的任免，军政府机关编制和改革，对外借款，财政税收，以及实业、教育、警察、裁兵、减薪、援川、援黔、援藏等问题，甚至还包括公文格式、办公时间等具体问题。（《政务会议记录》，《云南辛亥革命资料》第37—49页）这样，使云南军政府的办事效率大大提高，面貌焕然一新，得到人们的赞许。其时，法国驻越南总督向其政府报告中，曾说："是非姑勿论，若蔡公者，余衷心钦佩其为人。"英国人也说："若蔡公者，当今第一。"（蒋百里：《蔡公行状略》，《长沙日报》1916年12月26日）

关于省内政务改革，首先是大量更新人事。军政府从都督到各部、司、局主要负责人，基本上都是同盟会员或同情革命的人士，这在全国各省新政权中是很突出的，同时撤换了一批贪污腐败的县知事和其他地方官员，任用青年知识分子代替他们。在军队中也任命了一批年青的军官。至于地方行政，虽暂沿府、厅、州、县名称，然对府、县同城者，则裁县而由府兼摄县事，改腾越厅为县，为日后统一县治创造条件。对沿边土司地区采取渐进方针，以兴教育、修道路、务垦殖、试办警察、收揽法权入手，设南甸、干崖、陇川、泸水、永宁、盏达、猛卯、户撒、上帕、知子罗、苍蒲同等处行政委员或弹压委员以领其事，为改土归流打下基础。

在国家事务方面，蔡锷极力主张维护"国权"，强化中央集权。他认为，由于中国国势太弱，才出现了国家衰危的症状。因此，欲谋人民之自由，须先谋国家之自由；欲谋个人之平等，须先谋国家之平等，国权为维护人权之保障。为此，他建议不惜以削弱省权为代价，强化国权。因此在辛亥起义不久，蔡锷即致电各省，建议组织起义各省地中央政府，并提出三点意见：一、定国名为中华国，定国体政体为民主立宪；二、建设一强有力之统一政府，俟军政撤消，方为完全立宪；三、扩张国防辖境，缩小行政区域，以期消融疆界。同时提出中央会议大纲二十三条，虽未作出明确的规定，然其基本思想已得到比较充分的反映。这二十三条是：一、国名；二、国体及政体；三、国权之集中及军政宪政之秩序；四、扩张国防区域；五、缩小行政区域；六、国旗；七、纪元；八、中央政府所在地；九、立法行政司法机关之组织；十、全国财政之统一；十一、全国军政之统一；十二、全国外交之统一；十三、全国教育之统一及教育宗旨；十四、全国交通之统一；十五、实业；十六、民政；十七、各种暂行之法律；十八、官制；十九、各种文书之程式；二十、服制；二十一、礼服；二十二、大统领之任期及权限；二十三、临时大统领之选举法等。（曾业英编：《蔡锷集》第335页）蔡锷考虑的不仅是云南的改革和建设，也延伸到了中国全国的改革和建设，重点是强化统一的国权。

孙中山南京临时政府成立不久，蔡锷致电孙中山，建议"亟图统一之方"，先把用人、财政、军事之重要权利，收归中央。袁世凯掌握北京政权后，蔡锷再次上书强化国权，甚至主张破除行省之制，把行政区划缩小。他反复强调，我国势分力薄，积弱已久，全国人民希望建造一强固有力之国家，以跻身列强之列。然而政权不能统一，则国家永无巩固之期，因此国家一切权力不能不收归中央，以图指臂相连之效。

蔡锷的"国权"思想是从维护新生的共和国国家权力的思想出发的，并不是简单的集权专制。

二、关闭"后门",两次带头减薪

走"后门"之风,大讲人际关系,在古老的中国渊源已久,几乎成为中国文化的一个传统特色。要改变这种积习,确实难乎其难。不过,历史上有许多有为之士,曾为改变这种状况,作出了自己的努力。蔡锷为了云南的改革,为了云南的发展,也尽力改变这种积习。

蔡锷出生在湖南宝庆农村,可以记忆的长辈,都是土生土长的农民。当蔡锷在辛亥革命时担任云南都督这样大官的消息,传到蔡锷家乡时,乡亲们很高兴、兴奋。高兴之余,就想做点什么事。蔡锷有两个弟弟,一个叫蔡钟(松垣),比蔡锷小 4 岁,这时已 25 岁了;一个叫蔡鍊(松墀),比蔡锷小 10 岁,这时也 19 岁了,都在农村当农民,从事繁重的体力劳动。两弟兄说大哥当了都督,高兴得很,决定老二(蔡钟)先去看看大哥,看看能不能谋个工作,找到一官半职,然后老三(蔡鍊)再决定是否去云南。

蔡钟征得母亲的同意,带上两件换洗衣服就上路了。家里没有钱,只好步行,经过半个多月的艰苦旅程,终于来到了昆明。这已经是 1912 年的春天了,正是春暖花开的时候。蔡锷见到二弟已长大成人,当然非常高兴,热情地招待他在家里吃住,派人陪他参观、游览,看看昆明地区名胜古迹和风景区。几天过去了,旅途的疲劳已经消失,昆明附近的风景区也大多浏览了,蔡钟却没有打算离开昆明返家的表示。蔡锷从交谈中获知,弟弟是想来这里找个工作的。

在民国初年的云南,百废待兴,作为一省之长的蔡锷,要给弟弟找一个工作,或者弄个一官半职,实在是很容易的。然而,蔡锷却认为,这样做,有"安插亲信"嫌疑,对于云南改革和建设,对于今后云南的工作,有诸多的不利,因此下决心关闭、堵塞这种"后门"。

一天吃完晚饭后，蔡锷与弟弟谈心说：你要想在云南工作，当然很好。不过，我作为一省的都督，实在有难言的苦衷，不好为自己的亲属开这个口，把你安排到什么地方去干事。我看，母亲年纪大了，家里需要人照料，老三年纪还是小了一点，是不是还是回家好一点呢？

蔡钟一言不发，生着闷气。

蔡锷却寸步不让，僵持了好一阵。蔡锷最后说，就这样吧，我给你20块钱，还是走路回去吧？走着回去也很好嘛！

几天以后，蔡钟又徒步走上了回湖南老家的道路。这件事已经过去了若干年，我们不仅可以从云南、湖南两地听到有关这方面动人的传说，而且还可以从有关记载中，得到这方面的史料记载。（周钟岳：《惺庵尺牍》，未刊，藏云南省图书馆）当时，湖南省财政司长袁家普，鉴于与蔡锷的友情，曾考虑安排蔡钟为湖南省铜元局局长，蔡锷也婉言谢绝说："不可"，"恐年少，有误公事"。（袁家普：《蔡公遗事》，《长沙时报》1916年11月11日）

蔡锷这种大公无私的态度，对云南之财政改革，亦大有裨益。

云南系边区山区省份，生产比较落后，财政历来入不敷出，有时支出竟超过收入的一倍以上。在清代末年，云南岁入不过银300余万两，而岁出则需600余万两，相差一半。那时，每年除中央政府拨款和四川、湖南等省接济160余万两以外，还差100余万两。所以媒体指出云南财政差不多到了崩溃边缘，其困难程度已达极点。

辛亥起义后，全省迅速光复，社会秩序也比较好，省库财政基本上没有受到损失。然而，全国局势混乱，中央拨款和邻省接济都已停止，加上起义后滇军又支援四川、贵州、西藏地区，军费支出浩繁，因而新政府面临的财政困难是相当严重的。

怎么办？蔡锷决心挽救危机，整顿财政，开源节流，就是要增开财源，节俭支出。首先，整顿厘税，剔除陋规，使厘税收入点滴归公。其次，开设富滇银行，并设分行于下关、昭通、个旧等处，基金充足，纸币流通有了保证，财政信用提高，从而稳定了物价，安定了社会。再次，检查会计，设会计检查厅，凡预算决算皆由财政司编制，而用款适当与否必经会计检查厅之检查。此外，还有裁撤浮冗机关，举办救国公债，遣散军队，以及节俭俸给等。这样，不仅增加了财政收入，而且每年仅政费一项，即可节省 50 余万。综计节流所入，不下百万；开源所入，约有 200 万之谱。使云南财政的面貌大为改观。

在蔡锷采取的一系列开源节流的措施中，还要特别提及的是，他两次带头减薪。第一次是 1912 年 1 月，蔡锷向省内各地军政长官发出电报说："云南反正以来，整理内治，扩张军备，经费骤减，入不敷出，深恐财政支绌，不足以促政治之进，则维有约我同人，酌减薪俸，以期略纾民团，渐裕饷源。"（曾业英编：《蔡锷集》第 412 页）按着发布了减薪命令，同时发布文告说："滇中反正，得诸君同心戮力，共济艰难，本应须厚稽以酬劳绩，维诸君夙明大义，共体时艰，即前日举义与现在奉公，原以求群众之幸福，而非个人之荣利，此次减薪办法谅无不乐赞其成。"（《军都督府酌定减薪办法并发薪等级成数表通饬一体遵照文》，《云南政治公报》第 1 期第 1—2 页，1912 年 2 月）这一次的减薪办法，如下表：

云南军都督府酌定薪俸等级成数表

等级官阶			原定薪数	酌定成数	实发银数
上等	第一	正都督	六百两	二成	一百二十两
	第二	副都督	四百两	三成	一百二十两
	第三	协都督	二百五十两	四成	一百两
中等	第一	正都尉	二百两	四成	八十两
	第二	副都尉	一百五十两	四成	六十两
	第三	协都尉	一百两	五成	五十两

等级官阶			原定薪数	酌定成数	实发银数
次等	第一	正校尉	五十两	七成	三十五两
	第二	副校尉	二十五两	八成	二十两
	第三	协校尉	二十两	八成	十六两
		额外校尉	十六两	八成	十二两八钱
		司书生	十二两	八成	九两六钱

备考：弁护目兵匠夫饷银仍照旧章支发。各文职官吏薪俸由军政部照此表等级酌定呈候核夺。

按照这个办法，都督的薪俸减得最多，达80%，以下依次少减。

半年以后的1912年6月，蔡锷又第二次减薪，并发布命令说，本省公务人员薪俸前已减成发给。现因国事多艰，凡政军学警各界，除分认爱国公债外，其原薪60元以上者，均减为60元，以下递减，惟目兵仍旧。这就是说，一省之长的都督，经过两次减薪，月俸由600元（两）减至60元，仅为原俸之10%。结果，云南都督的月薪仅与一个营长的月薪相等。有人评论说，此时都督薪俸之低，举国未有如云南者也。朱德回忆中也说，辛亥云南由于蔡锷的带头，月薪减至60元，使云南"廉洁成为一时尚风"。（李希泌：《如兹风美义，天下知重师》，《社会科学战线》1979年第2期）

此外，蔡锷对节流问题还作了若干具体规定。例如，不得侵吞缺额饷银，不得请客送礼，不得受贿和侵吞公款，兼差人员不得兼薪，不得挪用教育经费，以及非星期日不得宴客等。而星期日宴客，一席之费，不得超过5元，违者有罚。一日，警察厅长因友人至，于非星期日宴客，也请蔡锷入座，蔡即在其请柬上批："违背功令，罚薪半月。"（陈度：《中国近世社会变迁志略》，手稿，藏云南省社会科学院图书馆）这件事发生后，没有人再敢公开于非星期日宴客了。于此可见一斑。

辛亥云南起义后，由于云南全省安定，加上蔡锷采取了一系列措施，使得民国元年（1912年）的云南财政，不仅没有发生赤字，反而节余滇币近20万元。而且，也在这一年，云南还主动向北京中央政府提供了20

万元的资助。这是云南财政史上罕见的奇迹。有了坚实的经济基础，正如蔡锷所说：此后"一切善后布置，俱能井井有条，秩序上之严整，实为南北各省之冠"。（蔡锷：《滇省光复始末记》，《辛亥革命》第六集，第 227 页）

云南财政情况的好转，为辛亥后云南政局的稳定奠下了良好的基础。

三、从迟到罚款，到深化改革

在民国初年的云南，自然经济占绝对优势，落后的小生产方式随处可见，以自然经济为基础的小生产方式，反映在人们的工作、生活上，时间观念差，人们对上班、下班作息时间的概念，也是含糊不清的。蔡锷为了刷新政治，对这种含糊不清的办公时间和办事拖拉的作风，非常不满。为了整顿机关作风，蔡锷决心从严格执行准时上、下班的作息时间入手，进行改革，树立起严格认真的工作作风。

1912 年 4 月 27 日，蔡锷亲自主持召开了都督府政务会议。会上，蔡锷作了长篇发言。他说，都督府及其所属机关的办公时间，前已有规定，应该严格执行。但是，过了一些日子，公务人员上班迟到的情况时有发生。为了杜绝这种现象，对上班迟到的人员，应当进行经济制裁，实行迟到罚款的办法，要求所有单位一律实行。根据蔡锷的建议，都督府政务会议明确作出如下规定：每日午前七时半，由兵工厂再次放汽笛一次，以为信号。如八时十分不到者，罚月薪百分之一，过二十分者罚月薪百分之二。每过十分钟以此递推，自阳历五月初一日实行。（《政务会议记录》，《云南辛亥革命资料》第 40 页）这可能是中国历史上，对上班迟到进行罚款的第一个官方的正式规定。要求有严格的时间观念，或者说强化对时间观念的要求，在这个规定中有了明确的反映。

蔡锷在改变机关作风过程中，不仅有严格的上下班制度，还要求尽可能改变上班聊天、浪费时间的状况。为此，他要求都督府政务会议对机关工作人员的会客时间及机关内部各单位之间的碰头或会见时间，都要作出明确的规定。为此，都督府政务会议作出如下决定：府内人员，从午前十时至十一时，午后二时到三时为会客时间，如有紧急事件，随时会商，由秘书处拟令。

蔡锷不仅带头执行这一规定，还特地在自己办公桌的背后墙上，贴了一张醒目的字条，上书十几大字："鄙人事冗，除公事外，请勿涉及闲谈。"这既是以此自励，也是对别人的劝告。这使民国初年云南都督府机关及其所属单位办事效率大为提高，从而使云南成为这一时期"南北各省之冠"。

有趣的是，都督府对私营商店的开门营业时间也作了明确规定。云南历史上长期以来形成了"日中为市"的古风，商店开门时间普遍很晚，差不多太阳当顶了，商店才陆续开门营业。为了改变这种状况，云南省巡警局根据都督府的批示，于1912年8月28日，向云南省商务总局发出公函说：省城各街铺户，积习相沿，每日早晨开铺时间，7、8、9点不等，甚至延至10点余钟始行开铺者。这种陋习，殊非民国肇基、咸与维新之气象。且早日贪眠，不特于事业难期发达，实于卫生上诸多妨碍，敝局职司警政，有正俗之责，应亟革此陋习。除拟定简单规划，出示晓谕，并通令各区，每日饬警，认真查察外，相应备文咨请贵局查照。其简明规则共六条。第一条，各街铺户统限以每日早上7点钟一律开市，如逾限始开者，按照时间每过半点钟，罚金2角；第二条，各铺户有本日因事停开者，须将理由先行报告本段派出所，转报备查；第三条，各铺户如早间有事故，须至午间或午后始开者，仍先报知本段派出所注明，以便稽查；第四条，各铺户无论有无事故，本日停闭不开而不先报知本段派出所者，仍以违规论，照第一条办理；第五条，凡受罚铺户，每旬由本管区局将招牌、职业、姓名、号数及所罚金额，扬榜揭示；第六条，本规则自阳历九月初一为实行期。（《云南军都督府巡警局致省商务总局咨》1912 年 8 月 28 日，云南省工商联档案）

对民营商店开门时间作出硬性规定，作为官方文件，有可能是空前绝后的。不管执行如何，它表明蔡锷希望在辛亥革命以后，在云南实行的一系列大大小小的改革措施中，云南能够出现新的面貌，改变云南的落后形象。

从迟到罚款这样不大的事件做起，从而促进云南改革的深化。在政务改革、财政改革方面取得明显成就的同时，改革也深化到了云南的许多方面，例如，教育、实业、交通等若干方面。

在教育方面，特设学政司（后改为教育司），并将原有视学 4 员，增至 10 员，新增学堂 120 所。注意改良私塾、普及小学教育，于曲靖、昭通、蒙自、普洱、永昌（保山）、丽江等地设初级师范六区，对师范生实行三个月的军事教育，同时重视青少年的外语学习，考送欧洲、美国、日本的留学生达 100 余人。

在实业方面，根据云南省内的特点，先从盐务、矿务入手，进而经营农桑、畜牧、工艺等事。整理盐务，以扩大销路；推广矿业，拟订云南矿务暂行章程，以开放为宗旨，还在昆明设立矿物化验所、地质调查研究所，尤着力于保护和开发个旧锡矿、东川铜矿；注重农林，设立云南农务总会、农业局、蚕林实业团；订定垦荒、森林、畜牧章程，并改良种棉、制茶的方法；同时提倡工商，设立全省模范工厂，整顿商品陈列所，举办劝业工厂，增加生产，开拓市场。

在交通方面，对铁路、电线、邮政、航运和公路等，都有相应的规划。云南地处边远，交通闭塞，军政府的交通规划，对于改善云南的交通，加快交通建设的步伐，打下了一个良好的基础。

辛亥革命后，蔡锷在云南任都督仅只有两年时间，然而他在这两年内，在改革和建设方面作出了多方面的业绩，打下了良好的基础。嘉丽泽的松坡桥，是这些业绩中的又一事例。上世纪初年，云南嵩明县嘉丽泽周围48个村庄的农民，强烈要求开发嘉丽泽，以根除水患，促进生产。辛亥起义后，蔡锷为此事曾亲往嘉丽泽地区考察。他先重点勘测小新街至嘉丽泽农场的出水河，提出要加宽加深改直的意见，让夏秋之际的洪水能畅通牛栏江；继又详细规划了低洼地带的水利工程。当考察至天化宫河与弥良河在泽中会流的地域时，他又提出在这里需要建桥梁，以利车辆通行。他任命了曾在日本留学的赵伸和云南工艺学堂教师刘显为嵩明县嘉丽泽水利工程处正、副处长，令县长拨出仓谷作兴修水利的资金，派48村的百姓出工。自此以后，不但嘉丽泽周围的夏秋洪患面积大为缩小，而且使数万亩土地在秋末可种菜籽、麦类。当时，根据蔡锷的建议架起的木架，便被当地群众取名为"松坡桥"。20世纪40年代初，桥的北端竖立一块青石碑，书刻"松坡桥"三个大字。（李民太：《嘉丽泽的松坡桥》，《春城晚报》1983年11月5日）

全省光复，省内安定后，蔡锷于1912年秋天，巡视滇南，筹划建设，察看民情。他在视察过程中，在个旧、蒙自有几次演讲，宣传辛亥革命的意义，说明辛亥云南起义的情况和革命的目的，阐述今后建设任务之艰巨，号召大家永矢忠贞，和衷共济。他说："吾辈昌言革命，必推倒专制，改建共和，其目的之所在乎。"然而，归根到底，我们改良腐败之政府所进行的革命斗争，是为了建设美好的共和国，"故破坏为建设，非为破坏而破坏也。"（曾业英编：《蔡锷集》第730—731，735—736页）因此，破坏在前，建设在后，惟永矢忠贞，和衷共济而已。蔡锷在滇南的几次讲话，实际上是他在云南进行改革和建设基本思想的反映，也是蔡锷在云南当政时期的重要施政方针。

辛亥后云南军政府采取的一系列改革措施，在不同程度上取得了一定的成效，体现了一个新兴的资产阶级地方政权所能进行的努力。

四、滇西问题，矛盾化解

滇西问题，是由辛亥腾越起义而引起的。腾越（今腾冲），在云南西部边地，自古以来是我国内地经云南通往缅甸和印度的交通要道，是滇、缅边境上的商业重镇。清政府在这里设置了腾越厅治和迤西（滇西）道署，军事上为"腾越镇总兵"的镇署所在地。因此，腾越既是滇西边境地区的政治、经济、文化重心，又是军事上的边防重镇。

同盟会成立以后，也较为注意地理位置特殊的滇西腾越地区。1905 年以后一个时期，同盟会员秦力山、黄毓英、杨振鸿等人先后来到这一地区进行革命活动，杨振鸿还介绍了在腾越地区有相当影响的人士张文光加入同盟会。后来，留学日本、加入同盟会的干崖（今盈江）傣族土司刀安仁，也回到了滇西，与张文光等协同进行革命工作。

1909 年初杨振鸿发动滇西永昌（今保山）起义失利，不久病逝，此后，张文光、刀安仁、黄毓英、杜钟琦、马幼伯等人继续联络会党和清军，发展革命组织。张文光、刀安仁慷慨拿出家产广泛结交有志反清的爱国志士，发展哥老会首领、新军排长陈云龙等为同盟会员，并逐步形成了腾越地区革命的核心力量。张文光、刘辅国、张鉴安、李治还出面组织了"自治同志会"，以协助清政府推行"新政"、促进"立宪"为名，发展革命势力。他们深入到南甸（今梁河）、干崖、勐卯（今瑞丽）等傣族、景颇族地区，联络少数民族上层人士和广大群众，共同进行革命斗争。

1911 年 3 月，广州起义的消息传来，张文光等人根据孙中山的印信和革命方略，决定在腾越地区发动武装起义。因事机不密，被腾越地方政府侦知，清军腾越总兵张嘉钰和腾越关道耿葆奎决定逮捕张文光、张鉴安、李治等人。张鉴安与腾越厅同知温良彝私人关系较好，得到告急信，通知张文光、张鉴安逃往缅甸，遂免于难，但"自治同志会"却被清朝地方当局下令解散。

武昌起义爆发后，张文光得到消息，连夜从缅甸潜回腾越，召集革命党人在宝峰山上的宝峰寺举行了秘密会议，研究了起义的步骤和方法。他们决定通过清军中的革命党人陈云龙、李学诗、彭蓂等人，夺取驻腾越陆军七十六标三营的两个连队和巡防军第四、五两个营的兵权，用军队的武装力量夺取腾越军政指挥机关。10月24日，驻腾越清军中的革命党人，利用野外操练的机会，在叠水河的五皇殿举行了秘密的誓师大会。会上决定10月27日发动起义，议定了军事部署，并通过了起义军的军纪和禁令。

10月27日晚7时，腾越起义爆发，张文光亲自率领革命党人，袭击巡防第四营，打响了起义的第一枪。同盟会李学诗作内应，击毙了这个营的管带曹福祥，夺得了指挥权。同时，陈云龙在新军第七十三标三营，彭蓂在巡防队第五营，分别处决了抗拒革命的军官，率领队伍起义。经过一夜的战斗，起义军占领了腾越全城。清军腾越总兵张嘉钰吞金自杀，腾越关道宋联奎投降，腾越厅同知温良彝潜逃。于是，腾越起义宣告成功，腾越街头飘起了起义军的九星旗帜。

10月28日，起义军将领及自治局绅商学各界在腾越自治公所举行会议，决定成立滇西军都督府，推举张文光为都督。次日，刀安仁率军从干崖赶到腾越，遂又成立滇西军第二督府，推刀安仁为第二都督。以陈云龙为起义军都指挥，李学诗、钱泰丰、彭蓂为统领，以"九星旗"为军政府旗帜，并扩大军队，扩大起义成果。发出布告声明，腾越起义是孙中山革命方略指导的结果，目的是要"驱除满奴，恢复腾越"，"自今日起，同享幸福"。同时指出，实行国民革命，就是要驱除鞑虏，恢复中华，建立民国，平均地权。布告宣布了起义军的暂行条例，规定起义军人不守纪律者斩；假威借势、逼迫民间财物者斩；焚劫民间财物者斩；冒充军人名义、下乡滋扰者斩；借公下乡、苛派穷民者惩治；开场聚赌者罚等。纪律是比较严明的。（《滇事先复录》，《云南文史资料选辑》第17辑第12—15页）

军政府受到城乡各族人民的拥护，也得到了英缅政府事实上的承认。

滇西腾越起义是云南响应武昌起义的首次起义，比昆明重九起义还早三天。滇西军都督府是云南地区出现的第一个资产阶级民主革命的政权。都督府成立后，决定推动全滇革命事业。张文光决定，分兵三路，向云南尚未起义的地区进军，以扩大革命成果。以彭蓂率方旭等营出击永昌，以李学诗率李干鲁、宋葆奎、李光斗等营出击顺宁（今凤庆），以刘德胜等率领一营出击云龙，计划在大理会师，而以陈云龙所率部队作为后援。

彭蓂部到达永昌，驻永昌清军管带罗长庚抗拒革命，被歼灭；永昌知县毛汝霖自杀。李学诗率部进入顺宁，刘德胜率部经高黎贡山，收抚老窝、梗鲁各土司大部分地区，声威大震。起义军占领永昌后，张文光命彭蓂为永昌军统领兼管民政，安抚地方；命陈云龙以都指挥名义，率部继续往大理方向前进。

陈云龙率部到曲洞时，永平知县蒋树本投降，被陈任命为所部总参谋。这时，昆明已爆发了"重九起义"，成立了以蔡锷为首的云南军政府，大理新军响应昆明行动，宣布反正。这样，云南就出现了两个军政府并存的局面。云南军政府蔡锷、李根源等通电，要求滇西军政府服从省城，撤回军队，不要继续进军大理。张文光得电后，命陈云龙驻军永平，听候与省军政府的协议，不要冒昧前进。

其时，滇西起义军沿途收容会党和降军，已扩充到29个营，共3万余人，但军纪涣散，指挥失灵。蒋树本不听命令，陈云龙的部队又自以为政，仍继续东进。大理新军派出代表周霞、马骥二人到合江会见陈云龙，说明昆明已起义，大理已反正，请求军队不要继续前进，或派代表到大理谈判。但是未能说服腾越军，陈云龙、蒋树本率军继续东进，于是，大理派兵到合江一带阻止。大理军与腾越军相遇于漾濞附近，双方展开了激烈的战斗，连续三日，结果陈云龙军大败，死亡达300余人，始收军于太平铺。这样，滇西问题产生了。如果进一步发展，将影响全省的光复和稳定。

云南军政府为了妥善解决滇西问题，蔡锷任命云南军政府军政部总长兼参议院院长李根源，为云南陆军第二师师长兼迤西国民军总司令，全权处理滇西问题，滇西53州县，皆委托李根源处理。此时李根源还是同盟会云南支部长，虽然只是云南军政府的二把手，却是大权在握的，有权处理滇西任何问题。当张文光得知李根源即将来滇西时，立即致电蔡锷、李根源，表示欢迎，张文光对李根源赴滇西解决滇西问题抱有很大希望。

李根源

李根源滇西之行，作了两手准备，一方面致电张文光，希望和平解决滇西问题；另一方面也作了进军永平、腾越，迫使腾越军就范的准备。所以，李根源以缪嘉寿为参谋长，带着刘祖武一个团和炮兵、机关枪队，声势煊赫地向滇西推进，于1911年12月17日到达大理。

张文光深明大义，愿以和平方式解决滇西问题。张文光的部将彭蓂、李学诗、刘德胜等不仅是同盟会员，而且又是云南陆军讲武堂的学生，与李根源有师生之谊，加上李根源是腾越人，与张文光等有乡情。因而，滇西问题的和平解决是很有希望的。

李根源到达大理时，张文光派代表张文运、张鉴安等九人前往欢迎，双方进行了友好的谈判。李根源向滇西军政府提出了九条要求：主要是裁汰兵勇，停止捐派，军队不干预地方政治，军票即日停发，将主要涉案人员刘竹云、张文焕等交案审讯酌办，腾永公推多人到省，共同办理庶政等。张文光在收到条件电文后，复电同意。这就是说，滇西裁军，地方官由省任命，惩办肇事将领等，滇西军政府全部接受。张文光还邀请李根源赴腾越。

1912年2月1日，李根源率兵进驻腾越，委张文光为腾越镇军门，专管腾越军务，从而撤消了滇西军政府。同时，惩办了永昌兵变的首领黄鉴铎（统领）、王太潜（营长）、诛谬叛变官兵300余人，裁兵万余人，还处理了不法官兵、惯盗、劣绅、土棍、贪官等千余人之多。李根源后来也承认，所诛之人，难免有冤情者。

李根源在滇西同时采取了一些民主性措施，增设了漾濞、弥度、兰坪三个自治县，在南甸、干崖等大土司区设立行政委员，把分裂割据式的封建土司区域，纳入新政权的统一治理之下；又大力开发闭塞落后的边远少数民族地区，组织了四个"殖边队"，带着工匠和商贩进入怒江地区，进行开发和整治工作。李根源还派20余人留学日本，兴办了一些中、小学校。

这些措施，对于发展边疆民族地区的经济有一定的积极意义。

1912年4月，蔡锷通过李根源，任命张文光为云南协都督，驻大理，统辖腾越、永昌、顺宁的驻防军，腾越改名为腾冲。云南军政府强调张文光有两大功绩，即腾越起义和顾全大局两端。滇西问题，滇西冲突矛盾，总算化解了，和平解决了。这样，云南两个军政权并存的局面不存在了，全省统一了，这是应该肯定的。

然而，对蔡锷、李根源在解决滇西问题过程中，因为多杀了一些人，历来有所指责，不过其主要的方面还是应该肯定，是顾全大局的。而张文光领导腾越起义，功不可没；其后在处理与云南军政府的关系上，高瞻远瞩，顾全大局，尤值得称赞。一年以后，因"二次革命"的牵连，张文光被害于新任都督唐继尧之手，那是后话，与蔡锷、李根源处理滇西问题是没有什么关系的。而滇西军都督府第二都督刀安仁，于民国成立之后，因冤案被捕入狱，经孙中山营救出狱，半年后因病去世。刀安仁冤案至今是一个谜，不过这与蔡锷、李根源处理滇西问题，至今没有足够的材料证明有什么关系。

滇西问题的和平解决，在民国初年的混乱局面中，仍然为各地解决内部危机和矛盾，树立了一个榜样。

五、支援邻省，滇军称雄

辛亥云南军政府实行一系列改革的同时，还先后派出滇军支援四川、贵州和西藏的斗争，显示了改革过程中的滇军的战斗力和威风，也显示了改革过程中的云南实力，从一个方面反映了云南军政府改革的成效。

首先谈滇军对四川的支援。

辛亥武昌起义后20日，昆明响应武昌起义，云南全省迅速光复。云南是全国较早响应辛亥武昌起义的省区，是西南地区最早响应辛亥武昌起义的省区，全省很快安定了下来，而在同一时期，全国以至西南各省区，还处于动荡不安的状态之中。

　　贵州继云南之后，于 1911 年 11 月 4 日响应武昌起义，但内部派系斗争激烈。四川的情况更为复杂。武昌起义前夕，四川人民反对清政府出卖路权的爱国运动蓬勃发展，并且迅速转化为反清武装暴动。四川人民的保路运动成了辛亥武昌起义的前奏曲。然而，辛亥武昌起义后，四川响应起义的力量却由于反动派的镇压而分裂，延至 11 月 22 日重庆才响应起义，宣布成立以同盟会员张培爵为都督、夏之时为副都督的蜀军军政府。但是，重庆蜀军军政府力所能及的仅是川东和川南的部分地区，四川省会成都仍控制在清廷手中。接着，11 月 24 日川北广安、11 月 25 日川东万县、川南泸州等地亦宣布独立。广安推曾省斋为蜀北都督，万县推刘汉卿为下蜀东军副都督，泸州推刘朝望、温翰桢为川南军政府正、副都督等。四川军政府林立，社会秩序混乱。加之，清朝四川总督赵尔丰陈兵成都、简阳间；清朝钦差大臣傅华嵩、统领凤山、驻藏大臣联豫领兵万余，由雅州向成都

辛亥革命滇军援川（左）、援黔纪念章

进军；清朝川汉铁路大臣端方又屯兵川东，川事危急。而川省地势重要，北可接陕西、山西，东可顺流而至湖南、湖北。其时，革命军正与清军战于武汉，形势吃紧。如果四川稳定，对于武汉地区的革命势力将是一个巨大的支持。所以当时有这样一种说法："大局之危危于鄂，而鄂之危又危于蜀。"在这种情况下，解决好四川问题就成了革命者在西南方面的重要任务。

希望迅速解决四川问题是革命派和独立各省的共同要求。所以，著名革命党人黄兴、湖北首义之区领导人黎元洪、湖南起义领导人谭延闿等先后给云南来电，希望派兵援蜀，以解鄂危。蜀军政府都督张培爵也致电云南军政府，请求派兵支援四川，川省军政界和知名人士，亦纷纷向云南军政府上书，请求滇军援蜀。云南军政府成了众望所归。

为此，云南军政府决定派兵援蜀，于1911年11月1日讨论了"援蜀案"，标出三大宗旨：一、天府之国，为形势所必争，川乱平，则鄂无牵制；二、铁路风潮起，各省次第反正，独川省为赵、端钳制，暂不能成独立，应扶助之，俾五族早定共和；三、赵、端大肆淫威，政学绅商，死亡枕藉，宜披发缨冠往救。（周钟岳：《援蜀篇》，《云南文史资料选辑》第6辑第241页）于是，组织滇军援川军一个师，以云南军政府军务部总长韩建铎为师长（又称"滇军援川军总司令"），下辖两个梯团，以谢汝翼、李鸿祥分任第一、二梯团长（相当于旅长），前往四川。

云南军政府发出布告宣言，阐述援川宗旨，宣言说，清廷荼毒中国已260余年，赵尔丰督川屠杀之罪，尤为吾蜀父老所身受。继武昌起义之后，云南已经响应起义，全省光复，而现在蜀中父老子弟仍在水深火热之中，凡我同胞都应往救。何况滇蜀人民，辅车相依，加上军兴以来，吾滇养兵之费历年仰给于蜀，则吾军食蜀之粮，赴蜀之急，亦为义务所在，无可解免者也。辛亥滇军援川，公谊私情都是可以理解的。

11月14日，援川第一梯团从昆明出发，经昭通向四川叙府（宜宾）前进。稍后，援川第二梯团经由贵州威宁、毕节向四川泸州前进。当援川军出发之际，川省又发生新的变化。11月27日，端方在资州被杀，入川鄂军宣布反正。同时，成都宣布反正，响应武昌起义。赵尔丰被迫交出政权后逃亡，旋亦被杀。成都成立大汉军政府，推蒲殿俊、朱庆澜为四川正、副都督。然而，十天以后的12月8日，成都发生兵变，蒲殿俊、朱庆澜逃走，尹昌衡、罗伦继任四川正、副都督。再过数日，滇军援川第一梯团抵达叙府，第二梯团到达泸州。

按照滇军两梯团的进军计划，一路经叙府向成都进军，矛头指向赵尔丰的势力；一路经泸州向川东进军，矛头指向端方的势力；同时，计划在解决川省问题以后，准备北伐。然而，当滇军到达叙府、泸州时，川省形势已发生变化。蔡锷乃命令滇军一、二梯团，停止前进，暂驻叙、泸一带。

滇军入川时，除派两梯团外，还以川人郭灿为援川巡按使，陈先沆为援川巡按副使，与川省联络。而当滇军进入川南时，已有人怀疑滇军入川的意图。为了处理好滇军入川与川省的关系，滇军派巡按副使陈先沆为全权特使去重庆，与重庆蜀军政府全权委员谢持商议双方互助合约。双方于1912年1月4日签订合约九条。大意说，蜀军政府成立后，力图恢复全川，出同胞于水火，以谋中华民国之统一，是以电请滇军政府派兵援川，协力共济。现在形势已变，但大局未稳，内乱未靖，当互相借助之事颇多，故双方约定条件。条件规定，蜀军政府请托援川滇军协力维持大局，月给军饷五万两，然不得自由行动，干扰民政财政等。这样，援川军不仅有道上的合理性，而且有了双方协议条文上的明确规定。

然而，此时川南社会秩序比较混乱，一方面是反清群众运动勃起，另一方面是少数人趁火打劫，这两种情况有时难以分辨。滇军驻扎川南，面对这种情况，采取了维持大局，剿抚兼施的方针。1911年12月28日，谢汝翼梯团向叙府地区翠屏山、真武山以及吊黄楼等地，发动进攻，击毙匪首罗子月等数十名，穷追 30 里，同时，还向自流井、贡井地区出击。经过一场并不激烈的斗争，滇军控制了自流井、贡井、五通桥等川南繁华之区，李鸿祥梯团亦进占了合江等地。

滇军进占自流井、贡井等地，引起了川军的不满。因为蜀中财源，大半出于自、贡两井，每年税款几近千金。这个财源为滇军控制，川军不能不感到是个威胁。加上，滇军在川南也有疏忽之处，不慎将革命党人、川南军分府司令部部长（又称重庆蜀军政府所派之川南总司令）黄方击毙，引起川人公愤。而滇军所派之援川巡按使郭灿，为滇军将领张开儒所侮辱，又引起川人的不满。于是援川滇军与川军的矛盾加深，逐渐表面化，甚至发生武装冲突。双方误解愈益加深。蔡锷为此三令五申，要援川滇军与川军和平协商，顾全大局，切勿轻开衅端。尤其是滇军与成都大汉军政府所属川军，矛盾更为突出。

蔡锷表示，一定要和平解决。重庆蜀军政府遂出面调停，李鸿祥又通过川人刘存厚、王人文、胡景伊等出面协商，几经调停，得以化险为夷。

1912 年 2 月 20 日，成都与重庆两政府联合派出代表胡景伊、王馨柱、邵从恩到自流井与滇军将领韩建铎、谢汝翼、李鸿祥、黄毓成等协商，双方订立了《北伐条约》八条，从而结束了川滇之间正在酝酿的战争。

《北伐条约》八条，主要内容是：一、川滇各军组织北伐队，分道前进，会师中原；二、滇军北伐一个梯团所需军饷，由川军政府负责；三、北伐团所设兵站机关，由川军政府组织；四、滇军出发时期为 1912 年 2 月下旬；五、滇军援川筹款，由川滇两军府直接商酌办理；六、滇军援川所派员代理地方行政事务，此后由川军政府斟酌办理；七、本条约生效后，以前各项草约，一律作废；八、条约由川滇两军政府各存一份，缔约人各存一份。

（《续云南通志长编》卷一，援蜀，上册第 13 页，云南省志编纂委员会

1985 年铅印本）条约规定是明确的，目的是要使川滇两军团结起来，为实现共同目标而奋斗。这个目标是，川滇军组织北伐队，分道前进，会师中原，直捣清廷。

3 月 12 日，成渝两军政府合并，以尹昌衡为四川都督，张培爵为副都督。重庆设镇抚府，以夏之时为镇抚府总长，旋改为胡景伊。原拟订之北伐计划，因清帝退位，南北暂时统一，北伐军遂停止组织。滇军援川军完成了自己的使命，决定分途返滇。

1912 年 4 月，入川滇军除张子贞一支队奉命进入贵州外，谢汝翼、李鸿祥两梯团先后分道离川返滇。两梯团于 5 月 6 日同时抵达昆明。至此，援川滇军结束了自己的使命。可以认为，蔡锷派兵援川的决定是无可非议的，滇军在川的行动虽有失误，但并未违背其宣言的宗旨；而滇军撤出川境则是遵守了诺言的，是有计划有纪律地撤走的。所以，参与援川的朱德，后来曾有诗评论道："经过多时诸运动，出师两路援川鄂。""忆曾率队到宜宾，高举红旗援兄弟。前军到达自流井，已报成都敌肃清。"（朱德：《辛亥革命杂咏》）字里行间，对援川滇军的肯定，是显而易见的。

其次谈滇军对贵州的支援。

辛亥滇军入黔的起因，是云南军政府组织北伐援军，以声援武昌起义后的革命形势。当辛亥武昌起义后不久，武汉战事一度十分危急，黄兴、黎元洪等人多表示，希望起义各省迅速出兵援鄂。

为了支援武汉，云南北伐军是继云南援川军之后组成的。最初编定为 4000 人，名为第三梯团（排列在援川军第一、二梯团之后），后来才叫滇军北伐军，以云南军政府军政、参谋两部次长唐继尧为司令。北伐军出师路线，原计划并不经过贵阳，而是取道泸州，与援川军会合，转赴武汉或径赴中原。

然而，北伐军出师前，国内形势发生了急剧的变化，蔡锷乃决定唐继尧所率北伐军入黔，经贵阳开往湖南。蔡锷电报说，云南北伐军原拟取道蜀中，转赴中原，现在湘督来电，湖南吃紧，故滇军改出湘、黔，顺道促其反正，同时协助贵州平定匪势。滇军并不打算在贵阳停留，而是"即行通过，决不逗留"。

此时，贵州虽然宣布独立，响应起义，但内部贵州自治学社与贵州宪政会、耆老会的两派斗争相当激烈。1911 年底，贵州自治学社领导人、贵州军政府枢密院院长张百麟离开贵阳出巡时，贵阳兵力空虚，贵州宪政会、耆老会以为有机可乘，枢密院副院长任可澄以及刘显世、郭重光等密谋，假借枢密院名义，向蔡锷发电，称贵州"公口横行"，要求滇军北伐过黔，代平黔乱，并派出曾任云南个旧锡矿公司经理的贵州立宪党人戴戡到昆明，向蔡锷哭诉求援，佯说贵州"公口林立，竟成匪国"。戴戡又联合周沆（原云南知府、贵州人）日夜向蔡锷进言，现在滇军进贵阳，宪政党已布置完密。不要错过机遇，"事机一失，后悔无及"。蔡锷对贵州实际情况并不熟悉，碍于贵州立宪党人的多方催促，乃决定滇军入黔，再行北伐。

1912 年 1 月 27 日，滇军北伐军在昆明誓师，次日出发。昆明群众热烈欢送滇军出发的达数千人。欢送旗帜上写下了八个大字"不平胡虏，请勿生还"。显然，昆明群众对北伐军的殷切希望是"平胡虏"，而不是其他。

滇军北伐出师时，已经明确要途经贵阳，然而形势在不断变化。1912 年 2 月 7 日，蔡锷急电已在途中的唐继尧说，北军猛攻潼关，陕西告急，迭电请援；而蜀中局势混乱，非平蜀难，碍难援陕。又接援川军来电，川事糜烂，非厚集兵力不可，难望速平。要求派北伐军（即唐继尧所派第三梯团）速行入蜀。而且，贵州境内，党争甚烈，滇军插手，不过为一党人争势力，结果是劳师糜饷，妨碍实多。因此，经会议决定，审时度势，宜暂置黔事，并力赴川，先图根基，再图进取，既免树黔人之敌，又可增援蜀之兵，于北伐尤易为力。所以，北伐军应改道入川，不再经贵阳。这个决定，蔡锷同时通知了贵州军政府，以及贵州宪政会代表戴戡、周沆等人。随后蔡锷再电唐继尧，进一步说明，如果滇军入黔，必生冲突。以我兵力，不难荡平。而劳师縻饷，又蒙阋墙之恶声，终非得计。再次命令唐继尧，滇军一律改道入川，沿途粮草，已令军务部电沿途赶为筹备。

可以看出，蔡锷要求唐继尧部改道入川，不经贵阳，主要有两点理由：一是陕西形势危急，四川境内不靖，需要派兵支援；二是了解到贵州内部两派斗争激烈，滇军不宜入黔，劳师縻饷，卷入是非。所以蔡锷连电唐继尧，要求改道。蔡锷对滇军入黔可能产生的后果表示担心，因而颇有犹豫，要求北伐军改道入川。

唐继尧在接到改道命令后，开始是执行了"改道入川"的命令的。然而仅隔两日，唐继尧却又拒绝执行"改道入川"的命令，而要求北伐军继续向贵阳前进。为什么唐继尧很快变了卦呢？看来，戴戡、周沆起了很大的作用。当戴、周得知唐继尧要改道入川后，他们连续给蔡锷发了几封电报，请求不要改道。电报煽动说："本月十五日夜，黄泽霖（五路巡防营总统）被诛，张百麟闻风率匪遁匿安顺，图窜川滇。"如滇军改道，贵州宪政会、耆老会诸人必遭杀害。"滇兵不发，黔祸或缓须臾；滇兵改途，黔害立见縻烂。"同时，别有用心地对唐继尧进行煽动。

唐继尧在戴、周的煽动下，向蔡锷诉苦，改道有种种困难。再过一日，唐继尧干脆明确表示拒绝执行改道命令，声明"北伐滇军，已深入黔，碍难改道"。（唐继尧《致蔡锷电》，《云南辛亥革命资料》第247页）

面对着戴戡、周沆的反对和唐继尧的抗命，蔡锷无可奈何，又给唐继尧电报，说明形势变化不得已而为之的道理。蔡锷说，当初计划入黔，惟军情瞬息万变，不能执一而论。现在四川形势严峻，滇川军已发生冲突；而安徽则颍州、三河失守，寿县、亳县均危；陕西则灵阆、潼关失守，西安甚危。我军自当先其所急，并非失信于黔。现在贵州形势也吃紧，只好同意酌量分兵数队，代平黔事，余部仍须入蜀，以应援蜀之急，并速北伐之师。这就是说，蔡锷对入蜀的命令已作了部分修改，但并未全部放弃。蔡锷同时复电戴戡、周沆，解释说，改道入川，先其所急，并非为一二言论所撼摇。现在贵州多事，只得命唐继尧分兵入黔，余仍入蜀。黔事固不忍坐视，而亦不得不为大局计也。

蔡锷兵分两路的命令，其要点是北伐军主力入川，分兵入黔。但这个命令仍遭反对，蔡锷不得不再次让步，给唐继尧电报说："行军计划，远道殊难悬揣。进止机宜，未便遥制。究应如何办理，希即电复。"这实际上是听任唐继尧自己决定，默认了放弃改道入川的命令。然而过了两天，蔡锷又有新的犹豫，给唐继尧的电报又说："连接泸州电，川军由资州、威远、荣、富四路分兵，于初七日晨急攻我局。刘参谋入成都，带去马聪所部二中队、机关枪二挺，全部拘留勒收，请催我三梯团改道入川增援云云。已由我军及成、渝两军和平协商，勿轻开衅。惟我军悬军深入，不能不添兵援，应请照前电酌定。"换句话说，蔡锷还是希望唐继尧分兵入蜀。

但是，唐继尧固执己见，坚持北伐军全部入黔，先平黔"乱"，再由遵义赴重庆。再电蔡锷，明确要求，滇军径赴贵阳。到此，蔡锷已不便再说什么，只好顺水推舟表示"戡定黔乱为要，勿庸改道入川也"。（蔡锷《致唐继尧电》，《云南辛亥革命资料》第 124 页）这样，唐继尧就毫无顾忌地率军向贵阳急进。事实上，正是蔡锷发出"勿庸改道入川"命令的同一日，即 2 月 27 日，唐继尧已率军抵达贵阳近郊。

唐继尧所率滇军抵达贵阳近郊后，即分头占领各高地、各要害地区。在贵州耆老会、宪政会及其所支持的部分黔军的怂恿和配合下，唐继尧于 1912 年 3 月 3 日拂晓，向贵阳城内突然发起进攻，经一日的战斗，完全控制了贵阳的局势。唐继尧控制了贵阳后，不分青红皂白进行了大屠杀，所有被俘人员，无论官长士兵，恐不能为己用，缴械之后，驱至东郊，悉数坑杀。究竟屠杀了多少人，没有准确统计数字。贵阳螺丝山麓，有"万人坑"之说，与唐继尧这次大屠杀是有密切关系的。

3月4日，在贵州宪政会、耆老会控制下的贵州省议会，推举唐继尧为贵州临时都督。贵州耆老会、宪政会联名致电蔡锷，对滇军入黔表示感谢。蔡锷则表示，愿意帮助贵州解决面临的财政困难，立即筹措银五万两，汇往贵州，以支持和稳定唐继尧对贵州的统治。到4月26日，北京政府委任唐继尧署理贵州都督。5月10日袁世凯更正式任命唐继尧为贵州都督。唐继尧在贵州的地位得以确认。

唐继尧参与云南辛亥重九起义，是有重大功绩的。然而，其入黔过程中的大屠杀，却是唐继尧历史上的第一次大倒退。应当承认，辛亥滇军北伐本身具有合理性，从蔡锷指挥北伐滇军的作用来看，也不能完全否定。问题在于唐继尧率滇北伐军入黔，插手黔局，实行大屠杀，事实上开创了民国以来以武力夺取邻省政权的恶劣先例，这一点蔡锷虽无直接责任，却也不能推卸他对唐继尧支持应承担的领导责任。同时，唐继尧入黔的行为，与贵州自治学社和贵州宪政会、耆老会两派之间的斗争密切相关，云南军政府的责任是相对次要的。

最后谈滇军对西藏的支援。

辛亥革命前夕，英、俄两国加紧了对我国西藏地区的侵略活动，清朝中央政府曾令川军2000人调驻西藏，英国印度当局竟然表示"反对"，西藏三大领主也发动叛乱。1910年2月，川军在江孜粉碎了叛军的抵抗，进入拉萨。在英国侵略者的诱惑下，达赖逃往印度，英国即于同年6月，派兵进驻印藏边境的郎塘，叫嚷达赖如果回藏，英军将可入藏，承担保护的责任。

辛亥武昌起义以后，达赖与英印总督密商，派达桑占东潜回西藏，策划武装叛乱。西藏大农奴主则组织"勤王军"，以清政府原驻藏大臣联豫为"元帅"，亚东等地驻军也发生哗变。西藏大农奴主还以达赖名义，发布"驱汉"命令，组织以达桑占东为司令的"民军"，围攻拉萨、日喀则、江孜的川军，并进扰西康地区。云南都督蔡锷得报，乃致电四川都督尹昌衡，共筹办法。可是，由于辛亥滇军入川之事，遭到尹昌衡疑忌，他表示，藏事由川省独立负责，不希望滇军插手。

然而，西藏形势迅速恶化，告急之书，急于星火。于是，蔡锷于1912年4月30日致电北京政府，同时分电四川说："西藏为我国雄藩，外人垂涎已久，非亟早经营，则藏卫终非我有。西防一撤，后患何穷？"（曾业英编：《蔡锷集》第594页）请求北京政府、大总统，早作规划，以固边防，以防后患。5月6日，蔡锷再电北京，分电四川及各省，明确表示为了巩固边防，滇军愿意出兵西藏，以救危机。最初北京政府只同意滇军密探情形，妥为筹备，而不要求云南出兵。但形势发展愈益恶化，加之蔡锷的再三请求说："云南军队，训练甚精。前经援蜀援黔，均属耐劳敢战，现已陆续抽调回滇，若以防剿藏乱，必能得力。"（曾业英编：《蔡锷集》第607—608页）于是北京政府于5月18日，正式批准滇军出师进藏，竭力镇抚，并希望川、滇各方，捐弃前嫌，力顾大局。

5月29日，蔡锷致电北京政府，说明滇人进藏历来有两条道路可通。一是取道宁远、雅州转入巴塘；二是取道中甸，经阿墩子由巴塘入藏。由于川军亦将由巴塘入藏，两军同道，粮饷运输困难，而且又恐发生矛盾。因此，蔡锷又建议，川军由巴塘入藏，滇军另辟新路，由维西、茶砭、马必立之间出口，经珞瑜野人地方，向西北往拉萨前进。这样，滇藏间交通可捷一千余里。然而，此路新辟，须先派侦察队，再派工程队，然后大军才能出发。预计出兵一混成协（旅），年需二百万元。滇省财力有限，希望中央筹款补给。6月18日，北京政府命令滇军说，取道宁远、雅州至巴塘一路，绕越太多，毋庸置议；由维西出口，取道珞瑜野人一路，工程艰险，费用太多，暂从缓议；惟中甸北至巴塘一路，有可通之处，较为适宜。

此时，西藏战事日益紧张。6月7日，四川政务处会议决定，请川督尹昌衡率兵入藏平乱。6月11日，尹昌衡出任征藏军总司令；北京政府亦电令尹昌衡统兵入藏。与此同时，蔡锷任命云南军政府参谋部总长殷承瓛为滇军西征军总司令，率兵进藏。至8月10日，西征军到达大理，19日抵达丽江，然后分兵两个纵队，以郑开文为左纵队队长，取道维西大道直趋盐井；以姜梅龄为右纵队队长，取道中甸大道直趋乡城；司令部及其余部队暂驻丽江。

滇军西征军左纵队先与西藏叛兵相遇于溜筒江附近，滇军发起进攻，叛军被打死40余人，受伤30余人，而滇军无一伤亡。殷承瓛命左纵队乘胜直追，8月26日，滇军攻克盐井。滇军入藏初试锋芒，连续取胜，威震藏境。为此，北京政府下令嘉奖称："该都督调度有方，将士奋勇用命，深堪嘉奖。"

可是，滇军攻克盐井后，川滇军疑忌复起，矛盾丛生。川督尹昌衡竟先后三次发出电报，阻止滇军前进，甚至致电袁世凯，借口英人干涉，如滇军轻进，恐酿交涉。蔡锷为避免矛盾激化，影响一致对外，乃于8月31日致电北京政府说："如仍存彼此疆界之嫌，而未谅兄弟御侮之意，则滇军惟有退保疆隅，防番氛之侵轶，藏中之事仍请川军独任其劳。"（曾业英编：《蔡锷集》第722页）之后，川滇两军的矛盾未能消融，北京政府乃于9月21日下令说："滇军援藏一节，现款难筹。英人干涉，民国初建，岂容轻启外衅？已交国务院速议办法，保我领土主权。至川边抚剿，尹督自任专办，筹兵筹饷，悉由该督经营，滇军自不必争。刻下昌都等处均驻川兵，殷司令切勿轻进，转生枝节。"（转见《云南文史资料选辑》第8辑第283页）蔡锷收到北京政府电报后，不得已电令殷承瓛，酌留陆军一大队、防军一、二营，经营野人山珞瑜一带，从事改土归流，其余部队全部撤回。

10月末，滇军撤出藏境。11月1日，西征军抵达丽江。12月10日西征军回到省城昆明。滇军进藏平叛反侵略一事遂暂告一段落。应该说，辛亥起义以后，滇军派兵进藏，抵御英人侵略，镇压叛乱，功绩是不可抹煞的。

辛亥以后，滇军派兵入川、入黔、入藏，支援邻省的革命斗争，反对英人对西藏的侵略，都在军事上取得了重大胜利，滇军实力震动全国，称雄西南，这都是值得肯定的。这为后来护国战争中"滇军精锐，冠于全国"，打下了良好的基础。当然在滇军入川、入黔、特别是入黔过程中，存在着不足和失误，这是应该历史地加以总结的。

一、蔡锷心中的"不党主义"

蔡锷心中的"不党主义"有一个历史的发展过程。

民国初年，政党团体林立丛生。地处西南边疆云南，担任云南都督的蔡锷，亦曾一度信奉议会政治，有过自己建立政党的打算。他在云南都督任上，曾对其秘书长说："吾辈革命，非徒破坏，尤须建设。然建设必须联络意志相同、患难相依之人，共同努力，方能有成。"为了"联络意志相同、患难相依"的人士，蔡锷亲自动手，自拟建国团公约，邀约周钟岳等10余人，率先组织了一个带有政党性的社团——建国团。（周钟岳：《惺庵尺牍》，未刊）不过，建国团虽然成立，但成员人数很少，又局限于云南一隅，没有开展什么有影响的活动，因而未能引起人们的注意，基本上是自生自灭。

1912年初，谷钟秀、殷汝骊、彭允彝、吴景廉等组织统一共和党，推举蔡锷、王芝祥为总干事，彭允彝、殷汝骊、欧阳振声等人为常务干事。统一共和党政纲有12条，其内容是：一、厘订行政区划，以期中央统一；二、厘订税制，以期负担公平；三、注重民生，采用社会政策；四、发达国民工商业，采用保护贸易政策；五、统一币制，取用金本位；六、整顿金融机关，采用国家银行制度；七、建设铁道干线及其他交通机关；八、实行国民教育，促进专门学术；九、刷新海陆军备，采用征兵制度；十、保护海外移民，励行实边开垦；十一、普及文化，融和国内民族；十二、注重邦交，保护国家对等权利。其政纲是："以巩固全国统一，建设完美共和政治，循世界之趋势，发展国力，力图进步。"（《统一共和党规约》，《云南文史资料选辑》第15辑第227页）统一共和党强调的是，国家的统一和建设强大的国家。在民初政党纷呈的情况下，统一共和国的政治态度被认为是倾向中国同盟会的，甚至被认为是国同盟的"支店"。（谢彬：《民国政党史》第39—41页，上海启智书店1928年版）

开始，蔡锷对统一共和党的建立和组织活动，曾经是热心的。在建党过程中，蔡锷拨出专款1万元。派肖堃、袁家普前往上海，积极参与了统一共和党的组建工作。统一共和党成立后，他又邀约38人共同发起组织统一共和党云南支部，还计划在省内各府、厅、州、县设立分部。他还希望与中华民国联合会、民社等团体合并，成为"一大团体"。1912年5月6日，统一共党云南支部正式成立，蔡锷在成立大会上说，统一共和党是由国民共进会、政治谈话会，共和统一会三者合而为一的，"本党主义以国家为前提"。因为，"欲谋人民之自由，须先谋国家之自由；欲谋个人之平等，须先谋国家之平等。国权为拥护人权之保障"。"国权大张，何患人权之不伸"。大声疾呼"国权"，是这一时期蔡锷政治主张的基本出发点。正是在"国权"思想的指引下，蔡锷提出了新生的共和政府，如"初产婴儿"，因此无论是孙中山的南京临时政府，或者是北京的袁世凯政府，尽管它不完善，但应该爱护它，帮助它。不过，他在组建统一共和党时，仍然没有忘记自己是一位军人，所以他说："一俟党务渐有头绪，务恳遂我初心，脱离党事，俾得一意戎行。"（曾业英编：《蔡锷集》第610—612页）

1912年8月25日，同盟会联合了统一共和党、国民公党、国民共进会、共和实进会等四个政团改组成立了中国国民党。其时，同盟会云南支部、统一共和党云南支部，亦酝酿合并改组为国民党云南支部，并开成立大会于江南会馆（今昆明圆通山连云港）。与会者拟推蔡锷为国民党云南支部长，李根源为副支部长，但这时的蔡锷开始履行"脱离党事，俾得一意戎行"的承诺，声明脱离统一共和党，坚辞国民党云南支部长的职务。结果，李根源被推为国民所党云南支部长，袁家普、赵伸为副支部长。不过，国民党云南支部机关刊物《天南新报》发刊，蔡锷亲题"大狮子吼"四字以为祝词刊登，只是不再参加国民党的党务活动。（詹秉忠、孙天霖：《蔡锷对同盟会的态度》，《云南文史资料选辑》第 10 辑第 19 页）

　　蔡锷自声明脱离统一共和党，拒绝参加国民党以后，即主张军人"不党主义"，反对军人参加任何政党。他通电说明"不党主义之理由，主要是：第一、此次改革，数月告成，军人之功，炳耀寰宇。惟审查现在国情，伏莽未消，国防未固，此后整军经武，责任尤巨，专心一志，并力戒行，始能举优良之成绩。若复为政界分心，军事难期整顿。第二、凡一国内政党分立，政见各殊，各出其才力，以相雄长，每因竞争而国家愈益进步，故一政党组织内阁，复有他政党监督其旁，政府可收兼听之益，而不致流专断之弊。然以军人入党，即因政见之争持，或至以武力盾其后，恐内阁之推倒太易，实足妨碍政治之进行。第三、自军兴以来，各省多增募兵卒，市井无赖溷厕军籍，呼朋引类，歃血联盟，甚至军队变为山堂，将领称为哥弟，拔剑击柱，军纪荡然，更何以禁士卒之效尤，会党军队混为一途，部勒偶疏，动生变故。因此，以为国家进步，政党自然产生，然宜让政客之经营，而军人勿庸介入，非独消极以限制军人之行为，实欲积极以完成

蔡锷将军题词

军人之责任。（曾业英编：《蔡锷集》第615页）蔡锷的军人"不党主义"，是与其"国权"思想密切相关的。

这里，我们还要交代蔡锷与同盟会和进步党关系的两个问题。

在1905年以后的一个时期，蔡锷在广西任职期间，据传这一时期，蔡锷曾加入中国同盟会，而且有多人的回忆加以认证。经过最近20年来学术界的多次讨论和争论，学者们中的大多数，逐渐统一到朱德的回忆中去。朱德回忆认为，蔡锷不是同盟会会员，但他是"一个具有爱国民主思想的人"。（朱德：《辛亥革命回忆》，《朱德选集》第379页，人民出版社1983年版）决定蔡锷行动的，不完全是他的党派属性，而是他的爱国民主思想。

蔡锷与进步党的关系，似乎更为复杂一些。

1913年5月29日，以梁启超为实际领袖、以黎元洪为理事长的进步党宣告成立。在进步党的理事、名誉理事中，集中了一批民初政治上的头面人物和地方实力派，蔡锷也名列名誉理事中，而且还有记载蔡锷担任过进步党湖南支部长一职。但是亦有记载说："松坡军人，例不入党。"因而辞去进步党职务。显然，蔡锷作为进步党名誉理事，或湖南支部长，都是梁启超为他挂的名。所以，蔡锷曾给他的老师梁启超一个电报说明："前以置身军籍，故于统一共和党合并时宣言脱党。今吾师指名为（进步党）名誉理事，义又不得即辞。"只是一开始，碍于梁启超的情面，一度默认，但并未参与实际活动，后来则干脆明确辞去进步党的有关职务，回归军人"不党主义"的立场。

有趣的是，民国初年，袁世凯亦主张"不党主义"，也就是自己不组党、不参党，只从政从军。他在一封信中说："惟因入甲党则乙党为敌，入乙党则丙党为敌。实不敢为一己之便安，而起国中之纷扰。"袁是"以中华民国为党，四海之内皆兄弟也，三人同行，厥有我师。俟将来政党真正巩固，或不能终守不党主义，今则尚非其时也"。(《袁世凯致柏文蔚信》，转引自朱宗震《真假共和和中国宪政实验的台前幕后》上卷第 265 页，山西人民出版社 2008 年版）袁世凯曾经操纵过某些政党，然而他本人确乎未曾组织过政党，也未曾参加过什么政党。

最后是蔡锷与袁世凯两个"不党主义"者发生了战争，这就是著名的反对帝制复辟的"护国战争"，一个"不党主义"者蔡锷打倒了另一个"不党主义"者袁世凯。其实，不管是"参党"还是"不党"，这都是一种形式，决定问题的是"参党"或"不党"的动机和目的。

二、维护"国权"与"二次革命"

1913 年 3 月，袁世凯篡夺辛亥革命胜利果实以后，竟在国会召开前夕，派特务杀害了国民党代理理事长宋教仁，妄图建立独裁统治。4 月，袁世凯又与英、法、德、俄、日五国银行团签订了总额 2500 万英镑的善后大借款，准备发动内战。宋教仁事件和善后大借款，惊醒了孙中山及一部分国民党人，使他们逐渐认识到袁世凯的真面目，决定武装讨袁，发动"二次革命"。二次革命是辛亥革命的继续。7 月 12 日，国民党人李烈钧在江西宣布独立讨袁；接着，广东陈炯明、福建许崇智、湖南蒋翊武、重庆熊克武等亦率部分军队宣布独立讨袁。二次革命波及到了差不多整个中国南部。

宋案发生时，蔡锷认为："当在国步艰难，戕贼人才，实无天理。"（曾业编：《蔡锷集》第 843—844 页）却又希望在法律范围内解决，静候法庭之裁判，勿挟成见，勿尚意气，勿凭势力而坏法纪，勿造言词而乱听闻。尤其反对破坏大局，摇乱听闻。同时要求各省都督竭力维持现状，严禁军人干预，反对动武，一定尊重法律。

对于袁世凯的善后大借款，蔡锷也主张宽容。他说，借款系目前困难不得已的行为，且条件已经前参议院通过，不存在政府违法问题，没有理由反对。他强调对待共和政府，无论内外，要尽可能宽谅，甚至说："万一有人发难，当视为全国公敌。"（曾业英编：《蔡锷集》第852页）

尽管蔡锷如此表示，但他毕竟不是袁世凯的心腹，曾与革命党人有过良好的关系，又是辛亥云南起义的领导人。因此，革命党人对他抱有很大希望，尽力争取他投到反袁斗争中来。孙中山希望如此，黄兴希望也如此。1913年6月，黄兴从上海致函蔡锷，并颇含深意地撰写一副对联相赠："寄字远从千里外；论交深在十年前。"但蔡锷的态度没有转变，所以二次革命爆发后蔡锷采取了反对的态度。这是蔡锷这一时期政治态度发展的自然表现，他因主张维护"国权"，保护"初生婴儿"似的共和民国，走上短暂的维护袁世凯集权的道路。

二次革命爆发后，蔡锷暗中为袁世凯出谋划策，要袁早日扑灭革命，以免星火燎原；同时希望北军严肃纪律，以免奸人借口。8月，当川军第五师师长熊克武（兼重庆镇守使），在重庆宣布独立，响应二次革命时，袁世凯立即任命贵州都督唐继尧为滇黔联军总司令，率滇黔军就近出兵攻打熊克武部。同时命令湖北、陕西、云南各省都督围剿熊克武部。唐继尧不仅就任滇黔联军总司令一职，而且派出贵州第三师师长叶荃、旅长黄毓成等率部入川，进攻重庆。蔡锷也遵照袁世凯的命令，派兵进入川南。果然，唐继尧派叶荃入川战斗，打败了熊克武，为袁世凯效劳。而蔡锷指挥的滇军进入四川后，二次革命已失败，熊克武已逃走，这才避免了与熊克武部直接发生的冲突。还在战争过程中，云南、贵州等九省，向袁世凯北洋军汇济粮饷数额达500万元之巨，以支持其镇压二次革命。

蔡锷对二次革命的态度，还可以从他一份讲演稿中得到证实。1913年10月5日，蔡锷被袁世凯调离北京前，在云南进步党支部召开的欢送会上说："今进步党诸君为鄙人开会送别，鄙人特为诸君进一言：夫共和国家不可无政党，政党与国家虽非直接关系，而间接之影响于国家者，关系最为重大。一年来，党争激烈，牵动大局者已不一而足，然此亦必经之阶段无足异者。进步党应世界之趋势，为中央所倚重，社会所欢迎，似已立于健全之地位矣。而鄙人犹有虑者，今之政界分为二派，一曰暴烈派，一曰官僚派。暴烈派以破坏为能事，苟可以达其目的，即牺牲全国而不恤，然其进锐，则其退速，今已一落千丈矣，其剿绝易易也。所最难征伐者，官僚派耳。官僚派之臭味，其进也渐，其退也实难，根深蒂固，欲图征伐，诚非易事。党中有暴烈派，则酿乱固不待言；党中有官僚派，势必至萎靡不振，一切进行，障碍滋多，所谓因循等于残暴也。进步党今日应行做到之事，正须防止暴烈派，而洗涤官僚派。暴烈派之失败，虽以兵力为之；而进步党之鼓吹社会扶助政府者，其功亦诚不小。今进步党之所虑，惟在官僚派耳，望诸君尚其注意。"（曾业英编：《蔡锷集》第1102—1103页）蔡锷在这里所云暴烈派，显然是影射二次革命中的国民党，这也反映他对袁世凯镇压二次革命的某种同情或支持。

蔡锷的这个态度，从一个侧面反映了这一时期中国历史发展的特点。在经历了相当长时间的动乱以后，人们普遍地希望有一个和平安定的环境，以便能够腾出手来，反对外国侵略和建设自己的祖国。当时的舆论，也强调中国人民对和平、法制和秩序安定的渴望，超过了其他一切。蔡锷反对二次革命，正是他"国权"思想的流露，也是这一时期社会思潮的反映，离开了时代特点，就很难了解这一时期蔡锷的思想倾向。

蔡锷虽主张支持袁世凯镇压二次革命，却又主张不可"蛮干"，而要"积诚感化"。他说，国内战争，实出于不得已。而同室操戈，兄弟阋墙，相煎太急，隐患良多。这样，可为国家稍留元气，以便共同对外，保国保种，于是乎赖。这说明蔡锷着眼于国家和民族的利益，并不是以效忠袁世凯为个人目的。当然，袁世凯此时的真面目尚未完全暴露，他毕竟是刚刚建立不久的共和国的临时大总统，因此在相当一部分人中，袁世凯成了中华民族统一的象征。作为一个既与革命派有联系，并为辛亥云南起义立下了功勋，又与进步党领袖有较深渊源的蔡锷来说，在袁世凯称帝的野心未完全暴露以前，对袁世凯抱有幻想，并不是不可理解的。袁世凯有一个暴露过程，蔡锷有一个认识过程，这同样都是可以理解的。

三、满怀幻想，离开云南

二次革命后，袁世凯于1913年9月28日发布命令："云南都督蔡锷，叠电因病请假，着给假三个月，来京调养。"同时，任命唐继尧署理云南都督。既然蔡锷在二次革命中没有反对袁世凯，那么袁世凯为何要调蔡锷离开云南呢？原因有两个方面。

一方面，尽管二次革命中蔡锷没有反袁，但为人奸诈的袁世凯对非北洋系的将领历来存在戒心和怀疑。袁世凯对其亲信曹汝霖说，蔡锷虽有才干，但亦有阴谋，不能不加以提防，所以把他调到北京，就近控制。（《曹汝霖一生之回忆》第162页，中国大百科全书出版社2009年版）

另一方面，蔡锷感到身处祖国边陲的云南，远离中央，地方贫瘠，不能很好地施展宏图，应付大局，所以自己表示愿意离滇，并多次提出离滇的请求。梁启超就曾说，蔡锷前后写了10封信给他，和他商量，帮他把云南的职务辞掉，另行寻找别的工作。

由于上述两个方面的原因，所以双方一拍即合，促成了蔡锷在担任两年云南都督后，离开了自己的第二故乡。蔡锷离滇去京时，对袁世凯满怀幻想，他要帮助袁世凯治理好"初生婴儿"的共和民国。蔡锷在滇军营长以上军官集会的讲话中，就这样说："现在总统袁世凯，原是我们的政敌，戊戌那年因为他临时告密，我们的师友，有的死、有的逃，现在想起来，犹有余痛。但衡量中国现在的情势，又非他不能维持。我此次入京，只有蠲除前嫌，帮助袁世凯渡过这一难关。"蔡锷甚至表示："袁是中国的一个人才，能把中国治理好。""如果袁氏愿意的话，就让他做一个终身总统。"（赵钟奇：《云南护国前后回忆》，《云南文史资料选辑》第10辑第105页）那时的蔡锷确实对袁世凯很有点痴心妄想，他想带着袁世凯走上正常的政治轨道，替国家做些建设事业。

蔡锷在袁世凯于1913年10月10日正式就任大总统前的一天，即10月9日，在昆明办理了移交工作，由谢汝翼代理云南都督后，由昆明启程，乘滇越铁路火车先到越南。在河内的越南总督仰慕蔡锷的才能，特留他欢宴数日。蔡锷借此机会，考察了法国在越南的军事设施，丰富和补充了10年前在广西所作的要塞图。然后从越南乘海船至上海，转赴北京。

蔡锷离滇时，部分商民有感于他在云南的业绩，商议集资为他建立生祠，作为永久性纪念。蔡锷听说后，甚为不安，婉言谢绝，经过说服和劝阻乃止，筹集之款全部用于周济慈善机关，用于扶助贫民和抚育孤儿。云南省议会决定赠给蔡锷法金3万元作旅费，蔡拒绝接受，省议会也不相让，不得已蔡锷只接受5000元，以偿还各种亏欠。在后来蔡锷病逝后，云南的商民终于集资为蔡锷在昆明建立了一座祠堂，不过，这是后话了，蔡锷当然不可能得知，亦无从拒绝。

1913年10月，蔡锷快满31岁的时候，踏上了去北京的旅程。这个新的旅程，在他一生中又意味着面临新的抉择。

四、新到京城，一厢情愿

袁世凯镇压二次命令后，气焰更加嚣张，临时大总统的头衔已经不能使他满足，他要当正式大总统了。1913年10月6日，袁世凯导演了国会选举正式大总统的把戏。不过，他仍然不放心，国会选举时，派出便衣军警、流氓数千人，自称"公民团"，包围会场，强迫议员们只准选袁世凯为大总统。国会从上午8时一直开到晚上10时，经过三次投票，才把袁世凯"选"了出来。10月10日，袁世凯装模作样地就任了中华民国正式大总统。不几日，蔡锷到京时，面对着的袁世凯已经不是中华民国临时大总统，而是正式大总统了。

袁世凯在蔡锷到达上海时，派代表范熙绩赴沪欢迎接待。而实际上是对蔡锷进行监视。因为，湖南方面已经放话，要让蔡锷回湖南担任湖南都督，袁世凯很不放心，要范熙绩不允许蔡锷回湖南，所以范对蔡监督甚严。不过，蔡锷无意回湖南，所以径直到了北京。

蔡锷到京后，袁世凯表面上还是很热情的。当即派人赠送蔡锷1万元，以示祝寿（蔡锷生日为12月19日），蔡锷谢辞。陆军部次长陈宧来劝说蔡，如果拒绝，是对大总统的不礼貌行为，蔡迫不得已勉强接受。这时，蔡锷一厢情愿，对袁世凯抱有很大幻想，所以一到北京，即宣称"民国成立，破坏人才已无所用"，培养建设人才，为今日之急务。（曾业英编：《蔡锷集》第1104页）

蔡锷的来京，袁世凯一方面高兴，要加以笼络；另一方面又怕他不为己用，担心他与梁启超结合，与革命派暗通消息，于己不利，所以处处提防。而此时，既忠于袁世凯的立宪人士，又与蔡锷相当熟悉、关系较深的杨度，尽力向袁世凯推荐蔡锷，说他是当时不可多得的军事人才，如委以重任，一定会为总统效劳。袁世凯看中了蔡锷善于练兵、用兵的才干，一度想任命蔡为陆军总长或参谋总长，蔡锷也有意出任这样的职务，希望对北洋军也施以精神教育，把这个为个人争权夺利的工具，改造为捍卫国家领土主权的劲旅。然而，北洋将领不甘失去这样肥缺，又不愿非北洋系将领出任此类职务，遂群起反对。袁世凯也担心，外人打入北洋系的核心，带来不可预测的后患，其议遂中止。不过袁世凯还是接二连三地委蔡锷以重任，先任命蔡锷为陆军部编译处副总裁（总裁是段祺瑞），后又任命蔡锷为政治会议议员、参政院参政、海陆军大元帅统率办事处办事员、全国经界局督办等职，并加昭威将军头衔。这些职衔虽不如都督或总长之类掌一方之实权，但它们大多还是袁世凯核心机关的成员。例如，1914 年 5 月成立的海陆军大元帅统率办事处，就是由海、陆军总长、参谋总长和袁世凯指派少数高级将领、亲信所组成。为袁世凯总揽军政权力的核心机关，其人员的遴选是慎重而严密的。非北洋系而能进入统率办事处的人是罕见的。

蔡锷对袁世凯委以他的职权是相当热心的，尤其热心于改革军事，他不仅与青年军官阎锡山、张绍曾、尹昌衡、蒋方震等 11 人组织军事研究会，经常聚会讨论和演讲各种军事问题、军事计划，还请外国军事学家讲演，谋图改进军事教育，提高军事学术水平。

这时，蔡锷与蒋方震（百里）关系甚为密切，他们共同以建设现代国防为中心思想进行活动。其时，蒋方震在统率办事处下属的军事处任参议，正在撰写《孙子浅释》一书，住在北京东城锡拉胡同；而蔡锷住西城棉花胡同，两人来往甚为频繁。蒋方震原任保定陆军军官学校校长，被北洋派旧军人排挤去职，而蔡锷改造北洋派军队的计划也成了画饼，这对他们实现自己的抱负是一个沉重的打击，因而他们颇有同病相怜的感觉。

尽管如此，蔡锷仍然希望为国防现代化贡献自己的力量。他这时修订了早年在广西起草的《军事计划》一书，作为国防计划的纲要。这个计划曾请蒋方震代为润色，因此，可以看作是蔡、蒋二人合作的著作，至少反映了两人共同的思想。

《军事计划》一书计七章三万余言，主要主张对军事实施改革的同时，也要进行政治改革。在《军事计划》一书的《绪论》中，蔡锷提出了自己基本的军事思想，即军事要为政治服务，为国家服务。他说："国于世界必有所以自存之道，是曰国本。国本者，根诸民族、历史、地理之特性而成。本是国本，而应之于内外周围之形势，以策其自存者，是曰国是。国是者，政略之所以出也。战争者，政略冲突之结果也。军队者，战争之具所以实行其政略者，所用以贯彻其国是者也，所用以维持其国之生存也。故政略定而战略生焉，战略定而军队生焉。"他还说："政者战之原，敌者兵之母也。"这就是说，战争的根源在政治，养兵、练兵都是为了战争，为了消灭敌人。要打胜利的战争，尽可能不打失败的战争。《军事计划》实际上是一本军事教科书，是蔡锷编撰《曾胡治兵语录》之后的又一部兵书。按照蔡锷的说法，它的第一章述练兵之目的求战，正其本也；第二章述武力之原在国力，清其源也；三、四两章说人、说器，分析其原质，就其个体言也；五、六两章述编制、述教育，综合其联络，则明其所以相成也；末章第七章论述军政之全体，挈其纲于用人与理财；而归之以诚以志，明治兵之原则也。（曾业英编：《蔡锷集》第 1141—1187 页）

蔡锷的《军事计划》一书是向袁世凯的建议，里面充满了对袁世凯的殷切希望。透过这些希望的背后，可以看到蔡锷盼望军事改革、富强国家的强烈愿望。只是把这个愿望寄托在袁世凯身上，显然是看错了对象。尽管如此，这是近代中国资产阶级军事学家向我们提供的一本较为系统探讨军事学术的著作。蒋方震在此书的跋中，称赞了《军事计划》和《曾胡治兵语录》两书，认为这是"使君子于是识华胄精神系之所在焉"。可以看作是研究中国军事学的学者们"必读之书"。

一、对袁世凯，幻想成了泡影

蔡锷对袁世凯充满幻想，还表现在他担任袁世凯委任的职务上，非常积极、热心。例如，蔡锷接受袁世凯任命全国经界局督办以后，对经界局的事务相当重视。经界局开办之初，蔡锷即向袁世凯提出报告，建议规划要点：第一，关于经费。验契费自民国四年（1915）起，悉提充举办经界之用。盐课余款酌拨一、二成以充举办经界之用。官产收入清查所得全充办理经界之用。带征费，当办测丈之际，酌量征费，分年摊收。方单费，测丈既竣，颁给凭单草图，酌量收费。清查后增加收入之款，应暂充办理经界之用。第二，派员出国调查各国土地调查情况，限期归国，详细报告，以资借鉴。第三，设编辑处，允宜博考成书，借资参究，并将英、法、日等国关于土地调查各项图籍，择优编辑，以供参考，将来设立测丈学校，亦可作为学校教材。第四，采用三角测量及地形测量，这样能连缀大地，精确成图，费用虽巨，收效甚宏。第五，培养经界人才，包括行政管理人员、测绘人员、清丈人员等的培养，设立测丈学校等。第六，筹设机器厂，生产测丈仪器，不独可供测丈之用，亦可为教学用具。第七，测量、清丈同时进行，可采用地方义务办法以节经费。第八，取全国各省同时兴办，积极进行主义，庶二三十年可竟全功。当时计划如此，而袁世凯政府却无心顾此。蔡锷的计划是要"厘定田制以利民"，而袁世凯政府的意思是要"增加赋额以裕国"。这样，目的不同，难以执行，计划搁浅。

蔡锷并不因此灰心，他在经界局秘书长兼评议委员会主任周钟岳等人的帮助下，组织同人（包括一度留学归来，后为著名学者，时任经界局秘书的陈寅恪在内），整理和编译中外经界图籍，订定关于经界事宜规章数十条，编成《经界法规草案》一书，并在短期内完成《中国历代经界纪要》、

《各国经界纪要》两书，以供工作参考。这些书籍目前已成为中国历代经界图书的典范。

即使是对于海陆军大元帅统率办事处、政治会议和参政院的职务所关事务，蔡锷多属挂名兼差，但也不置身事外。例如，统率办事处，蔡锷是无日不到的，至少从外表看来，蔡锷对袁世凯是尊重的、驯服的。

然而，蔡锷对袁世凯的幻想和热情并没有维持多久，就逐渐为袁世凯独裁、卖国的行径所扑灭，幻想成了泡影。

袁世凯当上正式大总统以后，更加肆无忌惮。1913年11月4日，袁世凯下令解散了国民党，没收了400多名国民党议员的证件，使会不足法定人数，开不成会。到1914年1月10日，袁世凯干脆下令解散了国会，接着于5月1日公布了由其御用造法机关约法会议炮制出的《中华民国约法》，废除了孙中山南京临时政府制定的《临时约法》。这部袁记"约法"，取消了责任内阁制，集军政大权于总统一身；同时还取消了国务院，于总统府设政事堂，政事堂设国务卿以"襄赞"总统。国务卿下设左、右丞。随后，各省民政长改称"巡按使"，各省都督改称为"将军"，官职也分为卿、大夫、士，并以上、中、下列为九等，封建皇帝的一套官职称谓差不多全都恢复了。5月24日，袁世凯又公布了《参政院组织法》，参政院虽名为咨询机关，却具有代行立法院的职权。参政院成立以后的第一件事就是提出了修正总统选举法的建议，并经约法会议通过。这个总统选举法规定，总统每届任期延长到10年，而且可以无限期地连任下去；继任人由现任总统推荐三人，推荐自己的儿子、孙子皆无不可。按照这个选举法，袁世凯不仅可以成集内外大权于一身的终身总统，儿孙们甚至可以世袭总统。这与封建帝制几乎毫无差别了。国会被解散了，临时约法被取消了，辛亥革命所取得的一点点资产阶级形式上的民主，被袁世凯统统破坏掉了，剩下的只是"民国"这块招牌。就是这块招牌，袁世凯也觉得刺眼，非把它扔掉不可。蔡锷到京一两年，眼见这万花筒般似的一幕又一幕惊心动魄的场面，不能不给这位抱着满腔幻想的青年爱国将军以深深的刺激，迫使他做进一步的思考。

可是，问题并没有到此为止。袁世凯对内实行独裁的同时，对外还进行了大规模的卖国活动。袁世凯政治野心的逐步实现，是和帝国主义列强支持分不开的。袁世凯窃国以后，得到了各帝国主义国家的支持；而袁世凯为了实现当总统、当皇帝的野心，把国家主权和祖国的大好河山当作礼品，奉献给他的主子。据不完全统计，在袁世凯当政的几年内，先后与俄、日、美、英等国签订了100多个不平等条约。而带有苛刻条件的大量财政借款，使中国人民遭受了巨大的损失，也加深了袁政府对帝国主义的依赖。

1914年秋，第一世界大战爆发，西方帝国主义各国忙于厮杀，暂时放松了对中国的侵略，日本帝国主义趁机扩大其对华侵略势力。日本以对德宣战为名，出兵山东，占领德国租借中国的胶州湾和胶济铁路沿线各地。1915年1月，日本驻华公使日置益向袁世凯递交了灭亡中国的"二十一条"。所谓"二十一条"分为五号二十一条：第一号四条，要求承认日本接管德国在山东侵占的一切特权，并加以扩大。第二号七条，延长日本租借旅顺、大连两港和南满、安奉（丹东到沈阳）两铁路期限为99年，承认日本在东三省南部和蒙古东部的特权。第三号两条，汉冶萍公司改为中日合办。第四号一条，中国沿海港湾岛屿只能租借给日本。第五号七条，中国政府必须聘请日本人作政治、军事、财政顾问，中国警察机关及兵工厂由中日合办，日本在中国享有筑路、开矿、办学、传教等权利。这些条件实际上是要把中国的广大地区和中国政府置于日本的控制之下，变中国为日本的殖民地。中日双方经过几个月的谈判，在日本帝国主义的威迫利诱下，袁世凯终于在5月9日接受了日本帝国主义灭亡中国的条件（只有第五号七条"容日后协商"）。日本帝国主义的侵略活动，特别是日本向中国提出

"二十一条"要求以及袁世凯政府接受"二十一条"，激起了中国人民的强烈愤怒和反抗，人民群众把袁世凯政府接受"二十一条"的5月9日，视为"国耻日"，纷纷举行抗议集会和示威游行。这是日本侵华和袁世凯卖国罪行的大暴露。对袁世凯抱有很大幻想、强烈主张维护"国权"的蔡锷，不能不受到巨大的震撼。他无法理解，更难于接受。

还在1914年底，蔡锷就大声疾呼地指出，日本帝国主义近20年来实施之"大陆政策"，实质上就是吞并我国之政策，故在第一次中日甲午战争之后，即占领我国台湾；至于辽东半岛虽已退出，其实系俄、法、德合力从其口中取出，忍气吞声至于今日。第二次则侵略南满，现南满虽仍为中国所有，实与日本之领土无异。现在则为日本施行大陆政策的第三次机会。因此，中国处此时代，较之庚子、甲午及光复之际，尤加十倍危险。他希望集合本国之力，上下一心，才能对付日本帝国主义的侵略活动。（曾业英编：《蔡锷集》第1116—1117页）

然而，蔡锷的警告并没有引起袁世凯当局的应有重视。这样，当日本向袁世凯提出"二十一条"时，蔡锷即表示坚决反对接受此项亡国条件。蔡锷以参政院参政的名义，在参政会上发表了一个多小时的慷慨激昂的演说，要求拒绝"二十一条"，主张下定最后作战的决心。同时，他还制订秘密对日作战计划，以防不测，并把这个计划向袁世凯作了报告。然而，袁世凯对蔡锷的一番苦心，毫不理睬，竟然最终地接受了"二十一条"。这样，具有爱国民主思想的蔡锷对袁世凯所抱的幻想，终于被铁一般的事实所粉碎。这是辛亥革命以后，蔡锷从拥袁走上反袁道路的决定性的一步。

二、筹安会鼓噪复辟帝制

袁世凯政府接受"二十一条"后，日本首相大隈重信在接见中国驻日公使陆宗舆时竟说："关于君主立宪，请袁大总统放心做去，日本甚愿帮忙一切。"袁世凯对帝国主义各国的支持，是颇为放心的。事实上，无论日本、英国、美国、德国或沙俄，都给了袁世凯某种鼓励或实际援助。日本首相大隈重信还曾表示，完全赞同中国"改国体"，"改共和为帝制是中国内政问题，袁大总统可以放心进行"。德国皇帝威廉二世积极支持，答应在"财政器械"方面"给予大力援助"。沙俄外交大官沙查诺夫曾向日、英两国政府表示："俄国政府不反对在中国实行帝制政体"。英国驻华公使朱尔典申明，早在辛亥革命时期，英国就和美国一道反对中国实行共和，主张君主立宪，现在"若中国无内乱，则随时可以实行"帝制复辟。美国传教士李佳白还上书袁世凯"为君主之制"，鼓吹"治理中国永久之政策，舍专制必无适宜之体"。美国驻华公使芮恩施在给美国政府报告中，表示希望袁世凯恢复帝制。

事实上，在1915年夏天，北京政局动荡不定，"共和不适于中国国情"之类的流言不胫而走，袁世凯帝制自为的活动也在暗中加紧进行。然而，袁世凯在表面上却装得很镇静，口口声声否认帝制活动的传闻。

1915年6月下旬，帝制风声到处传播，北洋老将、江苏将军冯国璋与进步党领袖梁启超半信半疑，两人遂决定去北京摸底。6月22日，冯国璋进北京晋见袁世凯，同袁进行了一次"推心置腹"、"肝胆相照"的谈话，然而袁世凯仍然装模作样，环顾左右而言他，矢口否认帝制活动。

冯国璋试探地问："外间传说，大总统欲改帝制，请预为秘示，以便在地方着手布置。"

袁世凯回答说："你我多年在一起，难道不懂得我的心事？我绝对无做皇帝的思想，袁家没有过60岁的人，我今年58，做皇帝能有几年？"他亲热地劝冯说："北洋军队暮气沉沉，有事时便不能用，你在南京要好好整顿，我们自家人总当团结，保持我们的实力。"

后来，冯国璋又晋见袁世凯两次，每次都谈及帝制问题。

袁世凯解释说："外间种种风传，余亦略曾闻见，有谓此事余主动者，亦有谓儿子克定主动者。此种风说，误会之至。然此风说之所由起，亦自有原因。盖一则因余自辛亥办理共和之际，颇恐中国历史及国民程度与美、法国有所不同，改为共和，究竟与国家根本如何，不能无所怀疑。与人论及时局，或不免偶尔流露此种思想，因之外间易生误会。二则因封爵问题，外间或以封爵即为改革国体之先声。不知共和国家，虽以不设阶级为原则，但我国今日系五族共和，一律平等，满、蒙、回、藏均有封爵，而汉人独否，是亦不平等之甚。今《约法》既规定大总统有颁赏勋爵之权，故余以为汉人中有功民国者，实当然有受封位之权利。故余久已决定施行此典，惟以外间多所误会，是以暂行停办，然他日亦必须依法实行，外间切不可因此又妄加揣测。以余今日之地位，其为国家办事之权能，即改为君主，也未必有以如此。且所谓君主者，不过为世袭计。而余之大儿子克定方在病中，二儿子克文不过志在做一名士，三儿子更难以担世务，余者均年极幼稚。余对于诸子，纵以一排长之职，均难放心，乃肯以天下重任付之？且自古君子之世传不数世，子孙往往受不测之祸，余何苦以此等危险之事，加之吾子孙？"

说到这里，冯国璋插话说："南方一带闻改革国体之说，并非不肯赞成，但多以时间问题，尚有可研究之处。他日大总统将中国办到转弱为强之际，则天与人归，恐大总统虽欲逊让，亦有所不得耳！"

袁世凯勃然大怒，厉声说道："闻君此言，仍是在余身上打主意，余之四、五儿子在英留学，余已饬在英国购有少许田园，设他日有以此等事逼余者，则余惟有径赴外邦，营菟裘以终老。"话说得如此果断、肯定，致使与他多年深交的心腹大将冯国璋，也不得不信。（张国淦：《洪宪遗闻》，《文史资料选辑》第 1 辑）

正因为如此，后来袁世凯皇袍加身时，冯国璋深感受骗，气愤地说："我跟老头子这么多年，牺牲自己的主张，扶保他做了元首，对我仍不说一句真心话，闹得结果，仍是帝制自为，传子不传贤，像这样的曹丕（指袁之大儿子袁克定），将来如何侍候得了。徒然叫我两面不够人，怎么不令人寒心。"（恽宝惠：《谈袁克定》，《文史资料选辑》第26辑）所以，后来冯国璋对袁氏帝制并不热心，冷眼旁观，甚至暗中拆台。

冯国璋把与袁世凯的谈话内容，传达给了梁启超，梁启超便以为帝制问题不会发生，后来亦深感受骗，愤怒之下，首先发文反对袁氏帝制自为，以出口恶气。

到8月3日，袁世凯政府的机关报《亚细亚日报》发表了袁世凯的宪法顾问、美国人古德诺的一篇文章，题目是《共和与君主论》，为袁世凯帝制丑剧敲响了开场锣鼓。该文是一篇奇文，它以总结中外各国更改国体历史经验为名，歪曲事实，认为所谓民智"卑下"之国，最难于建共和；中国大多数人民智识，不甚高尚，因而也不宜于共和。四年前由专制一变为共和，动作太快，自然不会有好的结果。为了避免"祸乱"，中国实行君主制，自然比实行共和制为宜，这是不能怀疑的事情。另一个顾问、日本人有贺长雄也抛出了《共和宪法持久论》的奇文，诬蔑中国人不适合共和政体，中国应效法日本实行君主立宪，集权于袁世凯，国家才不致分裂。袁世凯对这两位外国人的言论奉为至宝，不惜花费巨资，买下英国《曼彻斯特卫报》的版面，刊载上述文章。

有了舆论先行，袁世凯即暗示其心腹爪牙，四处煽动，并组织了一个发动帝制活动的核心集团，开始参与这个集团的有杨士琦、段芝贵、张镇芳、雷震春、袁乃宽、夏寿田等人。袁世凯有了准备，乃召见著名学者、立宪派人士杨度，暗示共和不可维持，可邀约一些人，加以鼓吹，并给20万元的活动经费，要其积极鼓吹活动。

为此，杨度又邀约了曾任安徽都督、约法议会议长的孙毓筠，著名"国学大师"、参政院参政刘师培，曾任吴淞都督、光复军总司令的李燮和，曾任山东都督的胡瑛，著名学者、约法会议议员、参政院参政的严复，共同发起所谓"筹一国之治安"的"筹安会"。杨度、孙毓筠、刘师培、李燮和、胡瑛、严复等六人，被称为筹安会"六君子"。这六人，都是当时的知名人士。

　　8月14日，杨度等人联名发起成立"筹安会"。8月23日，由杨度起草的筹安会宣言公开发表，筹安会亦在北京驸马大街设立事务所，公开挂牌，并宣布杨度为理事长，孙毓筠为副理事长，其余四人为理事，此外尚有若干名誉理事和参议。筹安会冒充学术团体，表面上说，本会宗旨，乃"筹一国之治安，研究君主民主国体，二者以何适于中国？专以学理之是非，与事实之利害，为讨论范围"。讨论的题目主要是：中国数千年，何以有君主而无民主？世界共和国家，何以有治有乱？（《筹安会通电》，《杨度集》第591页，湖南人民出版社1986年版）

　　除宣言外，杨度、孙毓筠、刘师培等连续抛出讨论文章，实际为鼓吹帝制的文章，如《君政复古论》、《国情论》、《唐虞揖让与民国制度之不同》以及《君宪救国论》等，尤以杨度之《君宪救国论》最具代表性，不仅得到袁世凯的认可，还由段芝贵将其付印，广为散发。

　　杨度的《君宪救国论》详细叙述"救国"必须"君宪"的原因，说什么富强立宪之无望，皆由于共和。今欲救亡，先去共和。盖求富强，先求立宪。欲求立宪，先求君主。"非立宪不足以救国，非君主不足以成立宪。立宪则有一定之法则，君主则有一定之元首，皆所谓于一也。救亡之策，富强之本，皆在此矣"。于是他们自讨自论，结论是"君主实较民主为优"，鼓吹只有君宪才能救国，否则就要亡国的奇谈怪论。

　　筹安会不仅得到袁世凯政府的经费资助，袁政府还派士兵保护筹安会的办公地址及杨度、孙毓筠的住宅。明眼人一看即知，这个所谓的"学术团体"，实为御用的官办机构。筹安会还通电各省，派代表来京讨论"国体"问题。不几天，多数省份复电，表示赞成改变国体，并派代表到北京参与活动。一些省区还成立了筹安会的分会。

筹安会的出笼及其紧锣密鼓的活动表明，袁世凯帝制自为的活动完全公开化了，使人民群众逐步看清了袁世凯的本质。一场反对袁世凯开历史倒车、复辟帝制的斗争，在全国范围内迅速开展了起来，打倒袁世凯成了举国一致的目标，一个新的革命风暴即将来临。

三、梁启超著文反驳

辛亥革命以后，蔡锷的老师、进步党领袖梁启超一直是支持袁世凯的。但是，当袁氏帝制活动公开演进时，深感受骗的梁启超，在全国人民反袁情绪高涨的形势下，思想发生了激烈的变化。在筹安会挂牌仅半月后，梁启超就在北京、天津各大日报上，发表了万余言的长文《异哉所谓国体问题者》，公开打出了反对变更国体的旗号。

在该文发表前夕，袁世凯已探听到消息，于是派人贿赂梁启超20万元，请梁无论如何不要发表这篇文章，但梁婉言谢绝了。继而，袁世凯又派人威胁，各种陷害恐吓的匿名信接连飞来，梁也不理睬。他是冒着生命危险来写作和发表这篇文章的。

文章的开头，说明自己在病中奋起，因为卧病兼旬，而国体问题的喧嚣却甚嚣尘上，于是有感而不得不作此文。《异哉》一大半是在绕圈子，讲了许多今天看来是谬论，是歪理，但是所有歪理的立脚点，在于说明在目前条件下，不应该复辟帝制，谁要复辟就反对谁。文章表示："鄙人生平持论，无论何种国体，皆非所反对。"只要能立宪，则无论国体为共和为君主，无一而可也。只要今大总统"为我尽瘁至十年以外，而于其间整饬纪纲，培养元气，团结人心，消除隐患，自兹以往，君主可也，共和亦可也"。但是君主之出现，必须有两个条件，一是大总统内治修明之后，百废俱兴，家给人足，整军经武，尝胆卧薪，遇有机缘，对外一战而霸，功德巍巍，亿兆敦迫，受之大宝，传诸无穷。二是经第二大乱之后，全国鼎沸，群雄割据，剪灭之余，乃定于一夫。没有必要"果未熟而摘之"，"孕未满而催之"。这样会"伤其根"，"戕其母"。换句话说，是对袁世凯进劝说和忠告。然而，文章的立脚点，翻来覆去要阐明的却是，"惟在现行国体之下，而思以言论鼓吹他种国体，则无论何时皆反对之"。这就说："夫国体本无绝对之美，而惟以已成之事实为其成立存在之根源。"（《异哉所谓国体问题者》，《饮冰室合集·专集之三十三》第85—98页）这就在事实上打起了反对变更国体、复辟帝制的旗号，标志着梁启超开始走上了反袁的道路。梁启超自己也明白地说，这是我们的反对文字，我们的鲜明旗帜。鲜明到什么程度呢？正如蔡锷后来说，鲜明到"所言全国人人所欲言，全国人人所不敢言"的程度。（曾业英编：《蔡锷集》第1481页）因此，此文一经发表，遂震动中外，传诵一时。

梁启超写《异哉》一文时，袁世凯复辟帝制的活动虽已公开化，但毕竟尚未正式宣布，因此在友人的劝告下，就把文章的语气改得和缓了，而且绕山绕水，讲了许多娓娓动听的语言。例如，原稿比后来发表者文字激烈的一段，斥帝制之非，并云"由此行之，就令全国四万万人中三万九千九百九十九万九千九百九十九人皆赞成，而梁某一人断不能赞成也"。这一段就是在友人的劝告下删去的，全稿改得相当缓和了，但旗帜仍然是鲜明的。而修改新加的部分，如"今大总统内修明治之后，百废俱新，家给人足"一大段，以及"果未熟而摘之"，"孕未满而催之"等句，都是后来加上的，听起来似更加入耳。（吴贯因：《丙辰从军日记》，《梁

启超年谱长编》第 721 页，上海人民出版社 1983 年版）

但是，袁世凯仍然执迷不悟，继续暗中指使其亲信、爪牙积极策划，不达目的，决不甘休。于是在京各省文武官员代表分别组织"公民请愿团"，向参政院请愿，要求变更国体。这些"请愿团"的领头人，大多是各省袁党头面人物或被袁党收买的社会名流，如直隶的曹锟、刘若曾，奉天的张作霖、冯德麟，江苏的沈云霈、徐邦杰，河南的赵倜、唐天喜，安徽的段芝贵、姜桂题，山东的王锡蕃，陕西的张凤翙，福建的陈璧、梁鸿志，湖南的杜俞、叶德辉，京兆的恽毓鼎等。

梁士诒、张镇芳、朱启钤、周自齐等一些政府要员，也在幕后策划请愿，梁士诒活动更为卖力。梁士诒曾任总统府秘书长，现改任税务督办、参政院参政，形成以梁士诒和交通部次长叶恭绰为首的交通系。交通系控制着铁路、关税、交通银行和一些公司，握有很大的财力，具有相当的实力，又有英美帝国主义为后台，所以为袁世凯所看重。在袁世凯的暗中操纵下，梁士诒召集交通系骨干开会商议支持变更国体事，他甚至说什么："赞成不要脸，不赞成不要头。"要脸还是要头，请大家斟酌。讨论的结果，大家一致表示，宁愿不"要脸"也要"要头"。梁士诒说，既要头，干起来就不必遮遮掩掩，一定要有声有色。

这样，梁士诒成了新的鼓吹帝制的领导者，筹安会的"学术讨论"，在完成了舆论准备以后，只得退居第二线了。

四、联络西南，策划反袁

梁启超与蔡锷有很深的师生情谊，其政治态度在一定程度上是相互影响的。当"筹安会"发起成立宣言的第二天，即 1915 年 8 月 15 日，蔡锷从北京搭乘晚车去天津，找到了已移居天津的梁启超，一同到汤觉顿的住处商量了一夜，决定尽快筹划反对袁世凯复辟帝制的斗争。

蔡锷在交谈中明确地说："袁氏叛逆，以致强邻生心，内乱潜滋。际此千钧一发之会，吾济乃不得不负重而趋。"（曾业英编：《蔡锷集》第1230—1231页）反袁斗争，由于形势所迫，不得不开始行动了。蔡锷还十分肯定地说："眼看着不久便是盈千累万的人颂王莽功德，送劝进表，袁世凯便安然登其大宝，叫世界看着中国人是什么东西呢？国内怀着义愤的人，虽然很多，但没有凭借，或者地位不宜，也难发手。我们明知力量有限，未必抗他得过。但为四万万人争人格起见，非拼着命去干这一回不可。"（梁启超：《护国之役回顾谈》，《钦冰室合集·文集之三十九》第89页）此后，差不多每周，蔡锷都要去天津与梁启超秘密商议。他们计划，云南在袁世凯称帝后即独立，一月后贵州响应，两月后广西响应，然后以云南、贵州的力量攻下四川，以广西的力量攻下广东，三四个月后可望会师湖北，直捣中原。

在反袁斗争的酝酿过程中，蔡锷的地位更为凸显，成了民初政局发展过程中，反映时代特征的指示器和坐标，是一个很引人注目的人物。由于他曾是梁启超的学生，有师生之谊，与进步党有着亲密关系；他与黄兴是湖南老乡，在日本就与孙中山、黄兴接触，并保持着相当深度的交往和友谊；他长期在湖南、广西、云南等南方省区军政界任要职，还曾任辛亥云南首任都督，与云南和西南地区军政要员有着千丝万缕的联系；他曾在北京任多种要职，与北洋派的某些军政要员亦有交往与联系。蔡锷如此特殊的难以取代的地位和关系，使他成为反袁斗争中可以呼风唤雨，又可与各方保持联络的纽带和桥梁，成为反袁斗争的一面旗帜。

蔡锷正是利用自己这个特殊的地位与身份，与京中有关人员联络准备，更与南方各省区的军政要员密电往还，互通声气，不断地告诫他们"稳静"，"慎重"；特别指出，"以势测之，为期不远"；"事机紧迫，尚望加意镇摄防范，俾免意外"。（《蔡锷一九一五年在北京与西南各省密电稿》，《云南文史资料选辑》第 10 辑第 1—8 页）这些暗语式的电报联络，双方都是心里明白，心照不宣的。同时，派何鹏、黄实到云南联络，派彭权、何上林到广西联络，派赵恒惕、陈复初到湖南联络，派毕厚到广州联络；又通知贵州巡按使戴戡从贵州赴天津，共同策划云南和贵州地区的反袁独立事宜；再致函驻泸州的川军旅长、蔡锷的学生和助手雷飚说，在川治军，要处处留心人才，为将来国家用。凡各军队首先应时刻留心，与之团结一致，千万不要忘记和忽视。

蔡锷积极联络西南，策划反袁，表面上却装得若无其事。当梁启超公开发表《异哉所谓国体问题者》一文后，蔡锷因系梁启超的得意门生，他的行踪不能不引起袁世凯及其爪牙的密切注意。为了避开注意力，蔡锷逢人便说："我们先生（指梁启超）是书呆子，不识时务。"

有人反问他："你为什么不劝你先生呢？"

蔡锷回答："书呆子哪里劝得转来？但书呆子也不会做成什么事，何必管他呢！"（梁启超：《护国之役回顾谈》）

为了掩人耳目，在"筹安会"成立不久，蔡锷也发起成立一个"讨论国是会"，佯装表示"赞成君主国体"，使人不防备他。

一天，蔡锷在海陆军大元帅统率办事处，袁氏爪牙拿着"赞成帝制题名录"，向蔡锷试探，蔡锷毫不犹豫地在"主张中国国体宜用君主制者署名"的题名录上，亲自署上"昭威将军蔡锷"几个大字。蔡锷沉着、冷静，似乎也超过了常人。（曾业英编：《蔡锷集》第 1203 页）

就是在这一时期，蔡锷涉足北京八大胡同妓院，与名妓小凤仙来往密切，装成无所作为的样子，世传蔡锷与小凤仙的风流故事，也就发生在这个时期。后来，蔡锷讨袁一举成名，他与小凤仙的故事也愈传愈奇，这是后话了。蔡锷与小凤仙接触频繁，并不如当时的媒体报导或小说家笔下那

蔡锷家庭

么浪漫。蔡锷的夫人就利用了这件事，与蔡锷打闹不休，摔坏杯盘什物不少，还惊动了袁世凯。

　　袁世凯命王揖唐、朱启钤前往劝架。袁世凯说："松坡（蔡锷）简直是个小孩子，怎么同女眷闹成这种样儿？两人速往排解。"王、朱二人愈排解，蔡锷与夫人却闹得愈凶，蔡夫人借此带着母亲和孩子回湖南老家去了。蔡锷没有什么不安的表示，还要朱启钤代为物色美丽的姑娘。袁世凯听了汇报，称蔡锷为"风流将军"。（天忏生、冬山合编：《蔡松坡轶事》，台湾文海出版社《近代中国史料丛书》第50辑）此后，蔡锷更明目张胆地经常去八大胡同妓院解闷，而暗中却把八大胡同妓院作为与各方联络的秘密机关和接洽地。

　　当蔡夫人带着母亲和孩子离京后，狡猾的袁世凯开始有了上当的感觉，对蔡锷的作为很有怀疑和戒心，便密派便衣军警闯入蔡锷住宅，以查"户口"为名，翻箱倒箧，检查电报函件，却毫无所获。蔡锷明知袁世凯的阴谋所在，却不揭穿，而只是提出质问和抗议；袁世凯故作姿态，假戏当真，命令军警当局捕拿"盗犯"，并从监狱中提出几名死刑罪犯枪决，张冠李戴，以为掩饰。

蔡锷知道事情已经无可挽回，对经界局秘书长、云南人周钟岳说，有人向公府告密，说云南反对帝制，我们通信与谋，"昨日军政执法处派人到我住处检查信件，原因就在这里"。（周钟岳：《惺庵回顾续录》，《云南文史资料选辑》第5辑第192页）看来，我们应该迅速逃离北京，才有出路。

五、先斩后奏，蔡锷脱险

为了设法逃出北京，蔡锷深谋远虑，进行了精心的策划，既要采用"合法"手段，又要在使人不知不觉中突然采取行动；既要使袁世凯抓不住把柄，又要使袁世凯无法进行阻拦。由于蔡锷离京情节具有很大的传奇性，说法也是多种多样的。其中一种较为重要的说法是，蔡锷的离京，不是秘密的突然行动，而是经袁世凯正式批准的正常行动，其根据是北京《政府公报》的材料。为什么蔡锷要经袁世凯正式批准才行动呢？这是当时形势下所能选择的最好的斗争方式，它巧妙地掩护了云南正在暗中进行的讨袁活动。如果蔡锷暗中不辞而别，云南必然会受到袁世凯的注意，护国战争就有可能被袁世凯先行下手，把它扼杀掉，只有将去处亮在明处，才有可能把袁世凯迷惑住。这里我们先从官方的《政府公报》的材料说起。

还在1915年10月下旬，蔡锷以患病为由向袁世凯打了第一个请假报告。报告和袁世凯的批示，都刊登在北京的《政府公报》上。报告说："为近患喉痛，日久未愈，恳请给假五日俾资调养事。窃锷于本月初患喉痛，因连日从公，未甚留意，迁延日久，病势加剧。近则红肿异常，言语失音，饮食亦为之锐减，迭经医治，未见痊可。现就西医诊视，据云肺胃积热兼有外感，亟宜避风少言，医药始能奏效等话。拟自本月二十九日请假五日，以资静摄，伏乞大总统鉴核施行。"

10月30日，袁世凯批示："准予给假五日。"（北京《政府公报》1915年11月2日）

11月下旬，蔡锷又上了第二个报告说："为病体未痊，恳请续假一星期，以资调治，恭呈仰祈钧鉴事。窃锷近因肺胃有病，日久未愈，前经呈准给假调理，旋于本月三日假期届满，遵即销假趋公，照常办事。惟病事日益加剧，精力实有难支，拟请续假一星期，赴津就医，以期早日就痊，不致旷误职务，所有锷病体未痊，恳请续假缘由，理合请大总统钧鉴施行。"

袁世凯再次批示："准予续假七日，俾资调理。"袁世凯同时命令卫兴武兼代经界局帮办职务。（《政府公报》1915年11月21日）

蔡锷到天津就医，假满后又于11月22日上了第三个请假报告说："为病体未痊，吁恳续假调治，请将督办经界局事务暨参政院参政两职遴员署理，恭呈仰祈钧鉴事。窃锷禀赋本属不强，十余年来供职边疆，感受瘴疠，病根潜伏，每遇治事稍勤，则诸病侵寻。今年入秋后，时复头眩耳鸣，头部左侧辄发剧痛，夜不成眠。因夙尚耐病，未加调理，且职务所关，尤不敢稍自暇逸，乃迁延日久，病势加剧。近复感受秋燥，虚火上炎，以致喉痛咳嗽，发热盗汗，诸症并作。迭经延送调治，迄未见痊。据医生诊视云，系操劳过度，心血大亏，且病根蕴积已久，纯持药力难责全效。宜择空气新鲜、天气温暖之处，静息数月，庶真元一固，药力亦易见功。伏念锷仰荷知遇，迭膺重寄，忽婴疾病，有负职司。现假期已满，病仍未愈，惟有仰恳俯赐矜全，准予续假三月，俾得迁地调养，冀可渐就痊复。至经界局，系专设机关，参政院现值代行立法院之期，未便久旷职务，应请将督办经界局事务及参政院参政两职，遴员署理，以重职守，而免误公，俟病体就痊，即行销假任事。所有病难速痊，吁恳准予续假并遴员署理职务各缘由，理合具文恭呈，谨乞大总统钧鉴训示施行。"

袁世凯批示："著给假两月，所请遴员署理缺差之处，已另有明令发矣。"发表特任龚心湛兼署经界局事务，任命张元奇署理参政院参政。（《政府公报》1915 年 11 月 27 日）

几天以后，蔡锷又送上了第四个报告，要求去日本治疗疾病，报告说："为病势迁延，赴日疗养，恭行呈报，仰祈钧鉴事。窃锷于本月二十二日缕陈病状，恳请续假三月，并请将督办经界局事务暨参政院参政两职派员署理，奉批令著给假两月，所遗遴员署理缺差之处已令明发矣，此批。等因奉此，仰见大总统曲予体恤之至意，感激莫名。伏念锷病根久伏，殊非旦夕所能就痊，而北地严寒，亦非屡弱之躯所能耐，一交冬令，病势益加，计惟有移住气候温和地方从容调养，庶医药可望凑功。查日本天气温和，山水清旷，且医治肺胃设有专科，于养病甚属相宜。兹航海东渡，赴日就医，以期早痊，再图报称。所有病势迁延，赴日就医缘由，理合具文恭行呈报，请乞大总统钧鉴。"

袁世凯又批示道："批令，呈悉，一俟调治就愈，仍望早回国，销假任事，用副倚任。"（《政府公报》1915 年 12 月 3 日）

其实这些都是官样文章，真真假假糅合在一起的，不可不信，也不可全信。事实是，蔡锷在 11 月 11 日即逃离北京，然后托人向袁世凯递上早就写好的第二、三、四个请假报告，这是先斩后奏。袁世凯明知如此，也无可奈何，假戏真做，只好照批，交《政府公报》刊登，给人造成这样的印象：似乎蔡锷仍在其掌握之中；另一方面则派人加紧对蔡锷进行监视，包括派人到天津监视在内。如果对袁世凯北京政府的《政府公报》上的东西什么都信以为真。那是要上当的。

作为当事人的哈汉章，对蔡锷怎样出逃北京，有详细记载，大概情形如下。1915 年 11 月 10 日，哈汉章的祖母 80 寿辰，在北京钱粮胡同聚寿堂设宴招待客人，并请剧团演戏。蔡锷与哈汉章曾是同学，素有往来，因而受到邀请，来得较早。蔡锷对哈汉章说："今日大雪，可在此打长夜之牌。"

哈汉章知蔡锷的用意，即托刘禺生找人打牌。蔡锷对刘禺生说："我与你同学三年，今日畅聚一夜，你要慎重选择牌手。"

刘禺生回答说："张绍曾颠，丁槐笨，二人如何？"

蔡锷说："好！最好到隔壁云裳家中，等一回儿有重要人物来，捧小叫天（指京剧名演员谭鑫培）者必多，听戏开席，都不必来请。"

哈汉章答应照办。其时，监视蔡锷的侦探亦跟随去了云裳家。

蔡锷、刘禺生、张绍曾、丁槐四人打牌打了个通宵。天快亮时，蔡锷说："请主人来，我要走了。"

张绍曾说："再打四圈，上总统府已不迟。"

蔡锷答道："好嘛！"

到早上 7 点，蔡锷即由侧门走出，直入新华门。门卫很诧异，蔡锷来得这么早，还以为是袁世凯要召见。侦察到新华门，就没再注意蔡锷了。蔡锷到统率办事处办公室，值班侍者问蔡锷："将军今日来得好早啊！"

蔡锷答道："我的手表快了两个小时了。"随即打电话给小凤仙，相约中午 12 点半到饭店同吃午饭。在办事处休息了一阵，没有引起人注意，即由政事堂出西苑门，坐三等火车逃往天津。（哈汉章：《春耦笔录》）

蔡锷出走后，哈汉章、刘禺生、张绍曾、丁槐等都曾受到怀疑。小凤仙因有蔡锷邀请吃饭的电话关系，怀疑更多，受侦探诘问整日，不得要领。

小凤仙

这样，就有小凤仙挟走蔡将军的美谈，传遍北京全城。刘成禺记下这一传说，写成诗说：

> 当关油壁掩罗裙，
>
> 女侠谁知小凤仙。
>
> 缇骑九门搜索遍，
>
> 美人挟走蔡将军。

（刘成禺，《洪宪纪事诗三种》第169页，上海古籍出版社1983年版）

蔡锷出走后，袁世凯派人到经界局搜查蔡锷的文件，没有得到任何值得怀疑的东西。经界局有人反映，所有文件为秘书长周钟岳带往天津，因而周钟岳亦遭监视。

这些回忆说明，蔡锷离京不是也不可能是先请示报告，经批准后才行动的。而是"先斩后奏"，走脱了才托人补送报告。蔡锷的沉着、机警之处就在这里，很难想象要袁世凯批准了才行动，又怎能逃得脱呢？又据黄兴之子黄一欧回忆，蔡锷在这次的出走，是经过他与张孝准周密设计。他一到日本，就写信给袁世凯，说明已经东渡就医，只是临行仓促，未及叩谒聆训，措词非常恭顺，使袁看不出破绽。

小凤仙（后改名张洗非）1951年在沈阳时，遇见著名京剧艺术家梅兰芳，对他讲述了蔡锷逃离北京的经过。大概是这样的：起初，我不知道蔡将军反对袁世凯做皇帝。袁世凯的儿子袁老三到我屋里打茶围，打听老蔡的生活情况，和哪些人来往。老蔡来了，就有几个不三不四的人到班子里来，据掌班（妓院老板）说，这些人是侦缉队上的，咱们惹不起。我问老蔡，这些混混（流氓）好像冲着你来的！他笑而不答。后来，有人对我说，蔡锷是革命党，袁世凯表面上给他挂名差事，很器重他，骨子里却派人监视他，听说他还反对老袁做皇帝，你别跟他太热乎，免得受连累。我那时常听他讲《三国》、《水浒》的故事和做人的道理。他又教我认字看书。我觉得这个人是正派的。后来在我追问下，他吐露了真情，并郑重其事请我帮忙。我对他说："你叫我干什么，只要我办得到的，一定尽力而为。"

那时，外边直嚷嚷袁世凯要当皇帝啦，老蔡常常锁着眉头不说话。有一天他对我说："我要走了，你想办法，让我从这里脱身。"

我说："后天是掌班的生日，院子里来往的人多，是个机会，你早点来，我们商量着布置一下。"

那天，我给老蔡找了一间北屋，他背向窗户，面对穿衣镜，大衣、皮帽都挂在衣架上，圆桌上放着怀表，为的是可以掏钟点。老蔡坐在那里喝酒，可以从穿衣镜里看到外边的动静。我把窗户上的纱帘去掉，换上红卷帘，故意卷上去。这样，外边的人可以透过玻璃看见屋里的动静。老蔡估计天津的车将要开行时，出了云吉班，直奔车站。他走时，衣服仍挂在衣架上，怀表亦未拿走，侦缉队以为他去小解就会回来的。接着刘妈把纸帘放下，外边的人弄不清屋里的人是否还在，这些都是事先布置好的。

老蔡到天津后，到日租界共立医院假装看病，等候轮船去云南。这时，袁世凯派人接蔡锷回去，日本医生受老蔡之托，回答说："此人病重，不能接见。"那时，袁世凯派儿子袁老三来盘问我，并说："你若告诉我蔡锷到哪里去了，我将答应你的任何要求。"我说："我怎么知道他到哪里去了呢？"因为平素在他面前，我装得与蔡锷很平淡，他就没有再追问了。

（《许姬传七十见闻录》第104—105页，中华书局1985年版）

不管哈汉章和小凤仙的回忆，如何不同，但有一点却是相同的，即蔡锷早已处在袁世凯特务的监视下。蔡锷离开北京，是深谋远虑地谋划以后出走的，而不是袁世凯批准才走的。《政府公报》发表的蔡锷的请假呈文和袁世凯的批示，不过官样文章而已。

蔡锷到天津后，向袁世凯托病请假，住共立医院，暗中与梁启超等人作最后之密商。同时，蔡锷与孙中山、黄兴一派革命党人有了进一步的联系。筹安会成立不久，黄兴就从美国寄来一封密信，劝蔡锷早日脱身虎口，回云南组织讨袁之师。并对蔡锷说，蔡的日本陆军士官学校同学张孝准可掩护其安全脱险。而蔡锷也派人给在美国的黄兴，送去一封长达17页的密信，谈到国内形势以及袁世凯阴谋称帝的种种活动。东京方面的革命派派来了张孝准与蔡联络，还派人送给蔡锷一本供联络用的电报密码。随后，李小川又持张孝准的密函，去北京会见蔡锷，希望蔡锷去东京共同商讨对付袁世凯的计划。李华英说，他担任过东京、北京和昆明三方面策划反袁的联络工作，曾去北京与蔡锷取得联系。在蔡锷与唐继尧之间担任联络的还有黄实、黄临庄、杨汝盛等人。可见，东京、上海、香港、昆明以至美国等地聚集的革命党人，几乎都派人与蔡锷联系过，蔡锷成了反袁各派和各方面人士联系的重要纽带，也成了资产阶级革命派和改良派联合反袁的象征和代表。

蔡锷在天津与梁启超作最后密商，决定梁去两广，蔡从日本去云南，同时派王伯群先赴云南，汤觉顿先去广东，预为准备。蔡锷还派殷承瓛去日本，秘密与黄兴派往东京的代表石陶钧会面。蔡锷希望近日路过日本，但要设法避开新闻记者和袁政府之耳目。石陶钧则与张孝准、杨源浚等，到时在日本门司山东丸船上等候，迎接蔡锷的来到。

一切准备妥当之后，蔡锷与戴戡、陈敬铭各着大礼服，共同拍摄照片留念。蔡锷表示："失败就战死，绝不亡命；成功就下野，绝不争地盘。"（毛注青编：《蔡锷集》第369页，湖南人民出版社1983年版）12月2日，蔡锷等人穿上日本和服，改换姓名，乘日商山东丸东渡日本。蔡锷上船时表示"不成功即成仁"。（陶菊隐：《记者生活三十年》第237页，中华书局1984年版）并给北京周钟岳打电话，要他把最后一封请假报告送交袁世凯。袁世凯一方面无可奈何地"批准"，并刊登在《政府公报》上；另一方面下令枪毙了失职的侦探，大骂杨度为"蒋干"（因为杨度曾向袁世凯极力推荐过蔡锷）；又赶忙派人去天津，把蔡锷弄回北京来，但是蔡锷却一去不复返了。

蔡锷乘船抵达日本门司，石陶钧、张孝准、杨源浚自东京来迎接。蔡锷与石陶钧改换服装，雇一小船，秘密到达横滨。蔡锷让石陶钧带着自己的行李，去别府箱根，好像要在那里医病的样子。又准备了亲笔信件多封，请石陶钧隔日从别府箱根寄一信给北京袁世凯的亲信唐在礼等人，转告袁世凯。后来，蔡锷到达昆明时，这些信都尚未寄完。所以，袁世凯最初得悉蔡锷潜赴云南的消息时，就不得不大吃一惊，难以相信了。因为从别府箱根发出的蔡锷的信件，报告他养病、游历的情形，袁世凯看信的笔迹一点也不错，邮戳也没有错，不由他不信了。

蔡锷把日本的事情安排妥当后，即改乘船经上海吴淞口转赴台湾、香港。蔡锷到香港时，巧遇辛亥时在云南的同事和部下殷承瓛、刘云峰等人。刘云峰系云南将军唐继尧派往北京的使者，名为觐见袁世凯，实为要调查北京要人的动态。蔡锷对刘说："你的任务，我已代你调查清楚，冯（国璋）、段（祺瑞）对袁此举，均不赞成。段在团城被拘，不能见客；冯在南京不敢多言。你去不但无益，反恐有险。咱们一同回去，预备打仗吧。"（刘云峰：《护国军纪要》，《云南文史资料选辑》第 10 辑第 88 页）这样，蔡锷与殷承瓛、刘云峰等遂一同经越南去云南，准备以云南为基地，发动反袁战争。关于这个事件的经过，后来，蔡锷曾追述说："当去岁秋冬之交，帝焰炙手可热。锷在京师，间数日一诣天津，造先生（梁启超）之庐，咨受大计，及部署略定，先后南下。"（曾业英编：《蔡锷集》第 1481—1482 页）蔡锷离京不久，梁启超亦南下，先去江苏南京，试探冯国璋的态度。

云南将军唐继尧在获悉蔡锷即将来云南时，又得到消息，蒙自关道周沆、阿迷（今云南开远）县长张一鲲，已奉袁世凯密电，为防止蔡锷入滇发动反袁战争，要求其派特务跟踪监视，并沿滇越铁路侦查缉捕。周沆、张一鲲接到密电后，已在蒙自开过几次会议，决定组织暗杀队，从越南到云南沿线捕杀或狙击。倘途中狙击未能做到，就要在碧色寨、阿迷两车站，借设宴欢迎为名，暗放毒药于白兰地酒内毒死，或者强行劫杀。

为防不测，唐继尧派其堂弟、警卫团长唐继禹率警卫两连、宪兵一分队，乘滇越铁路火车前往迎接蔡锷。唐继禹到越南老街接蔡锷到云南河口，乘专车前往昆明。专车到达碧色寨车站时，蒙自关道周沆早有预谋，聚集便衣军警数十人，设宴数十桌，拟请蔡锷下车赴宴时动手。唐继禹派人下车向周沆递上名片，说明蔡锷有病，不便下车。一群不怀好意的大汉，涌至专车近旁，声称是乡民代表，要见蔡都督。随军戒备森严，制止冲入，周沆的阴谋才未能得逞。专车到达阿迷车站时，阿迷县长张一鲲亦设宴请蔡锷下车赴宴，图谋杀害。唐继禹仍答蔡锷因病不能下车，阴谋再次破产。专车直向前进，于1915年12月19日到达昆明。

周沆、张一鲲谋害蔡锷的阴谋未能得逞，事情败露，畏罪潜逃，从河口出境。唐继尧电令河口督办，逮捕周、张二人，解到昆明法办。但是，电到河口时，周、张二人已先一夜偷越过界了。周沆已去香港，张一鲲仍留越南老街，等候爱妾张素娥。第二天，张素娥到河口，被检查处阻挡，命其请保，若请不到保人，可通知张一鲲由老街到河口来，证明你是他的眷属，才能过境。张一鲲得到通知，即来到河口证明，随即被捕押至昆明。延至1916年3月10日，云南司法厅以"卷款潜逃"的罪名，判处前阿迷县县长张一鲲以死刑，于3月18日在昆明南校场执行枪决。

有人说，蔡锷由北京辗转到昆明，尤如"定策于恶网四布之中，冒险于海天万里以外"，比之三国时代的关云长"过五关斩六将"，其惊险程度超过了若干倍。（陶菊隐：《筹安会"六君子"传》第138页）蔡锷的抵达昆明，对云南正在酝酿的反袁斗争是一个很大的推动力，加速了反袁护国战争的爆发。

第八章

护国首义

一、袁世凯帝制自为

1915 年下半年，袁世凯帝制自为活动达到了高潮。当"筹安会"闹得乌烟瘴气的时候，原总统府秘书长梁士诒跳出来与杨度争功，秉承袁世凯所谓"民意"之"意"，在 9 月 19 日组织了一个"全国请愿联合会"，以沈云沛为会长，那彦图、张镇芳为副会长，逐渐代替"筹安会"，成为鼓吹复辟帝制的中心。"全国请愿联合会全国代表大会"，依照"立法贵简，需时贵短"的精神，要求立即恢复帝制，迅速把袁皇帝"公选"出来，声称："民国肇建，于今四年，风雨飘摇，不可终日，父老子弟，皆苦共和而望君宪，非一日矣！"（白蕉：《袁世凯与中华民国》第 255—256 页，上海人文月刊社 1936 年版）在他们的鼓动和收买下，一时之间，五花八门的请愿团闻风而起，纷纷出笼，如京师商会请愿团、商务总会请愿团、教育会请愿团、北京政社进行会请愿团、人力车夫代表请愿团、孔社请愿团、妇女请愿团，甚至还有"乞丐请愿团"、"妓女请愿团"等名目，到处兴风作浪，不断递交"变更国体"的请愿书，要求袁世凯当皇帝。这些请愿团和筹安会的各省请愿团一起，同时向参政会投递请愿书。请愿书的内容千篇一律，似出一人之手。

参政院根据筹安会的"研究"，请愿团的"请求"，向袁世凯建议提前召集国民会议，以解决国体问题。然而召集国民会议需要时间，袁世凯很不耐烦。请愿团又秉承意者，再度请愿。以国民会议是决定宪法的机关，不是决定国体的机关为由，要求另设"征求多数国民公意"的机关。参政院再次"根据"请愿团之"请求"，制定"国民代表大会组织法"，并附一专文说："国家者，国民全体之国家也。民心之向背，为国体取舍之根本。惟民意既要求从速决定，自当设法特别提前开议，以顺民意。""兹议定名为国民代表大会，即以国民会议初选当选人为基础，选出国民代表，决定国体"。于 10 月 2 日呈送袁世凯，袁世凯满意了。10 月 8 日即将组织法公布，于是"国民代表大会"遂成为袁世凯帝制活动名义上的统一指挥机关。

根据《国民代表大会组织法》规定，以国民会议初选当选人及他项单选选举人为基础，进行表决，投票决定国体。这是个速成办法，省去了许多繁重手续。但袁世凯及其党羽还惟恐时间不快，又怕万一出了差，因此不断密电各省各地，讲求运用之方，暗施操纵之术，以求又快又保险地达到自己的目标。

从 10 月 25 日起，开始选举国民代表大会代表，三天之内，各省"国民代表"全部选出。10 月 28 日开始国体投票，到 11 月 28 日全国各区国体投票全部结束。12 月 11 日，参政院查票结果，全国有"国民代表"1993人，主张君主立宪者 1993 票，无一票反对或弃权。

湖南的"国体投票"，是当时各省"国体投票"中有代表性的一个省区。1915 年 10 月 20 日，湖南即"选出"官僚、政客、劣绅等 75 人为"国民代表"。28 日进行"国体投票"时，各代表接到将军公署一项通知说："顷准办理国民会议事务局电开，参政院咨称，国民代表大会投票，应即以君主立宪为标题，票面上印有'君主立宪'四字，投票人如赞成君主立宪，应即写'赞成'二字，等因，仰一体遵行。"湖南将军汤芗铭、巡抚沈金鉴均"莅临监督"。而且，进入会场的每一个拐弯处，都站着全副武装的卫兵一名，显得杀气腾腾。投票结果，75 票一致赞成"君主立宪"。汤芗铭立即宣布："湖南全体赞成君主立宪，足征'民意'攸归。"接着率领各代表三呼"中华帝国万岁"，投票丑剧宣告结束。各省区投票情况，大同小异。

本来，各省"国体"投票，按《国民代表大会组织法》，只决定"国体"问题，只有这个决定权，至于"推戴"元首，是决定采用君主政体以后的事。然而各省都在"国体"投票的同时，"推戴"了袁世凯当皇帝。更妙者，各省的"推戴"书一律是完全相同的45个字："谨以国民公意，恭戴今大总统袁世凯为中华帝国皇帝，并以国家最上完全主权奉之于皇帝，承天建极，传之万世。"（《朱启钤等致各省请于推戴书中照叙四十五字并嘱秘密电》，云南政报发行所《民意征实录》第3页，1915年12月印）一字不多，一字不少，真神！表面上看来，好像袁世凯当皇帝，真是出自"民意"，众望所归。其实，这纯粹是骗人的把戏。

蔡锷把这一切看在眼里，记在心上。梁启超则对这一出帝制丑剧，辛辣地讽刺和揭露说："自国体问题发生以来，所谓讨论者，皆袁氏自讨自论；所谓赞成者，皆袁氏自赞自成；所谓请愿者，皆袁氏自请自愿；所谓表决者，皆袁氏自表自决；所谓推戴者，皆袁氏自推自戴。此次皇帝之出产，不外右手挟利刃，左手持金钱，啸聚国中最下贱无耻之少数人，如演傀儡戏者然。由一人在幕内牵线，而其左右十数嬖人蠕蠕而动，此十数嬖人者复牵第二线，而省县官乃至参政院蠕蠕而动；彼长官等复牵第三线，而千九百余不识廉耻之辈，冒称国民代表者蠕蠕而动，其丑态秽声播于社会者何啻千百万事！"（梁启超：《袁政府伪造民意密电书后》，《饮冰室合集·专集之三十三》，第99页）这一傀儡戏完全出于袁氏一人所导演，这就是袁世凯帝制自为的真相。

仅仅各省"国体投票"和"推戴"还不够，袁世凯又授意"国民代表"公推参政院为"国民代表大会总代表"，向他上"总推戴书"。

12月11日，参政院便以"全国总代表"的身份，向他上了"总推戴书"，说什么"全国民意业经决定君主立宪国体"，故上书"劝进"。可是，袁世凯又要两面派手法，既导演"劝进"，却又"谦让"不接受，当天将"总推戴书"退还。并附上复文说："制治保邦，首重大信。民国初建，本大总统曾向参议院宣誓，愿竭能力发扬共和，今若帝制自为，则是背弃誓词，此于信义无可自解者也。”但是，话头一转又说：“查《约法》内载民国之主权，本于国民之全体，既经国民代表大会表决，改用君主立宪，本大总统自无讨论之余地。”不过，“惟有丰功盛德者，始足以居之。”因此，他装模作样地申明：“在爱我之国民代表，当亦不忍强我以所难也。尚望国民代表大会总代表等，熟筹审虑，另行推戴。”（孙曜编：《中华民国史料》中册第三，第69—70页，上海文明书局1929年版）弦外之音，就是要参政院替他洗刷背叛民国的罪状，讴歌他“丰功盛德”，让他“当之无愧”。

于是，按照早先计划好的步骤，参政院在当日下午5时开会，决定第二次呈递“推戴书”。这份长达2614字的推戴书，竟然只用不到15分钟的时间，就撰写完毕；又以15分钟的时间，就完成“宣读”、“发言”、“表决”等手续，通过了第二份总推戴书，当即送往袁世凯处。

第二份总推戴书，吹嘘袁世凯有“经武”（练新军）、“匡国”（镇压义和团）、“开化”（办新政）、“靖难”（绞杀辛亥革命）、“定乱”（镇压第二次革命）、“交邻”（承认日本“二十一条”）等六大“功烈”，已“迈越百王”，“德行”也“琼绝千古”。至于过去的宣誓，不过是“民国元首循例之词”，今天“国体已变，民国元首地位已不复保存，民国元首誓词当然消灭，凡此皆国民之所自为，固于皇帝渺不相涉者也”。他是“无负国民”的“大忠仆”，是“千古鼎革之际，未有如是之光明正大”的“伟人”，当“总统”、当“皇帝”，全是顺从“民意”而已。

袁世凯本可以再来一番“再揖再让”，但他实在欲壑难熬，眼看戏法也差不多了，可以掩人耳目了，即于第二天（1915年12月12日）宣布接受“推戴书”，也就是接受帝位，当起皇帝来了。为此，他发布申令，大言不惭地说“天下兴亡，匹夫有责。予之爱国，讵在人后？但亿兆推戴，责任重大，应如何厚利民生，应如何振兴国势，应如何刷新政治，跻进文明，种种措置，岂予薄德鲜能所克负荷！前次掬诚陈述，本非故为谦让，实因惴惕交萦，有不能自己者也。乃国民责备愈严，期望愈切，竟使予无以自解，并无可诿避"。（孙曜编：《中华民国史料》中册第三，第75页）为自己洗刷一通，而现在他又为了"救国救民"，只好出来当皇帝了。

也在这一天，袁世凯发布第一道申令称："民之所欲，天必从之"，"天不可见，见于民心"，公然以"天命"自居。但同时露出凶相，严禁人民反抗，谁要是反对他当皇帝，谁就是"国民公敌"，就要无情地惩罚和镇压。另一方面，又以金钱和高官笼络党羽和对相关人员大肆封爵，并成立了大典筹备处。

1915年底，紫禁城内外，一片热闹，总统府更名为新华宫；中华门、天安门、午门都修饰一新；太和门、太和殿已改名为承运门、承运殿；中和殿改名为体元殿，保和殿改名为建极殿，都已将匾额更换。各殿盖瓦，旧为黄色，现涂为朱红色；"中华帝国"的新国旗也在加紧准备。开国纪念银币，也已在铸造中。各种为袁皇帝登基所作的准备已大体就绪。12月31日，袁世凯下令改民国五年（1916年）为"洪宪"元年，决定1916年元旦正式登基当皇帝，似乎已万事俱备，只等时间了。

然而当袁世凯的倒行逆施达到顶点的时候，也是他走向没落，自我崩溃的开始，是他进入坟墓的起点。

二、反袁联合阵线的形成

对袁世凯倒行逆施的统治，一开始就激起广大人民群众的强烈反抗。各地工人的罢工斗争、农民自发的反抗斗争等，此起彼伏，从未停止。在河南中部爆发的白朗起义，是这一时期最大的农民反抗斗争。白朗起义军提出了"劫富济贫"的口号，反对袁世凯的统治，得到了广大人民群众的热烈支持。他们转战于河南、安徽、湖北、陕西、甘肃等省，由数百人发展到数万人，多次击败军阀武装力量，也惩罚了帝国主义的侵略势力。最后，袁世凯调集 20 万军队进行围剿，起义军英勇战斗，坚持了两年之久，终因寡不敌众而失败。

袁世凯复辟帝制活动公开化以后，人民群众反对袁世凯复辟帝制的斗争更是如火如荼，遍及全国城乡各地。辛亥革命以后，共和国的观念深入人心，广大人民群众决不允许袁世凯倒行逆施、复辟帝制。打倒袁世凯成了举国一致的目标。全国各阶层人民、政党、派别、团体，除了一小撮封建余孽和死心塌地追随袁世凯的爪牙外，都在不同程度上进行了反对袁世凯复辟帝制的斗争，并且逐渐形成了空前壮观的反袁联合阵线。

反袁联合阵线，包含着多方面的政治力量和政治派别。

首先是以孙中山为代表的中华革命党。

最早举起反袁旗帜的是以孙中山为首的资产阶级革命派。"二次革命"以后，孙中山逐渐认识到："中国已陷入空前严重的危机，袁世凯的专制较之先前满清的统治更加恶劣。"（《孙中山全集》，第 3 卷，第 110 页，中华书局 1984 年版）为此，他决定重整旗鼓，继续反袁。1914 年 1 月，孙中山派陈其美赴大连成立奉天革命机关，未成。5 月，在日本东京创办《民国》杂志，鼓吹三次革命。7 月，另组中华革命党，宣布"协力同心，共图三次革命"，以实行民权、民生两主义为宗旨，以扫除专制政治、建设完全民国为目的。（《中华革命党总章》，《孙中山全集》第 3 卷第 97 页）在这年秋天发布的《中华革命军大元帅檄》中，申明"爱率义旅，誓殄元凶，再奠新邦，期与吾国民更始"。（《孙中山全集》第 3 卷第 130—131 页）中华革命党成立后，设支部于国内外各地，国内支部专门负责武装讨袁，国外支部负责筹款。孙中山派陈其美、居正、胡汉民、于右任分别组织东南、东北、西南、西北四军。又派朱执信等分赴各省，主持讨袁军事。

袁世凯帝制丑剧上演以后，革命党加紧了行动计划，策划起义进入了高潮。1915 年 11 月，革命党人击毙袁世凯爪牙、上海护军使郑汝成；12 月策动上海肇和兵舰起义等，在当时都是很有影响的事件。同年底，孙中山发表了第一次《讨袁宣言》，痛斥袁世凯种种罪行，指出"既忘共和，即称民贼"，表示要"戮此民贼，以拯吾民"。号召"爱国之豪杰共图之"。（《讨袁宣言》1915 年 12 月，《护国文献》上册第 7 页，贵州人民出版社 1985 年版）这个宣言，事实上表明孙中山吹响了护国战争的进军号，也是孙中山号召各派力量联合行动的宣言书。与此同时，孙中山又先后派吕志伊、李烈钧、熊克武等人入滇，发动云南起义；派朱执信、胡汉民、邓铿等人分赴南洋等地，筹措讨袁军饷。1916 年 4 月底，孙中山从国外返回上海，亲自指导国内斗争，并于 5 月 9 日发表了第二次《讨袁宣言》，申述中华革命党成立，"两年以来，已集合多数之同志，其入内地经营者，皆屡仆屡起，不惮举其个人之自由权利、生命财产而牺牲之，以冀奠我区夏"。现在由于实现了反袁的大联合，"昔日政争已成陈迹，今主义既合，目的不殊，本其爱国之精神，相提携于事实"。我们的任务是："袁氏未去，当与国民共任讨贼之事；袁氏既去，当与国民共荷监督之责，决不肯使谋危民国者复生于国内。"（《孙中山全集》第 3 卷第 283—285 页）

尽管孙中山领导的中华革命党，在护国战争中未能起主导作用。但是，孙中山自二次革命以来所进行的武装斗争，是反袁护国运动不可分割的重要组成部分。孙中山领导的中华革命党是护国运动中的主要政治力量，可以认为，孙中山是反袁护国运动的旗手，是反袁大联合或者说反袁联合阵线的精神领袖。

第二，以黄兴为代表的旧国民党人和欧事研究会。

中华革命党成立后，一部分未参加中华革命党的旧国民党人，以"欧事严重，集同人讨论"为由，另组欧事研究会。黄兴虽然暂时离开了孙中山，却声明在反袁斗争中"当尽我责任为之，可断言与先生之进行决无妨碍"。（《黄兴集》第358页，中华书局1981年版）孙中山集古句书联赠与黄兴："安危他日终须仗，甘苦来时要共尝。"（薛君度：《黄兴与中国革命》，湖南人民出版社1980年版）表示不相信暂时的分歧，会影响两人的友谊和事业。黄兴赴美后，揭露袁世凯之罪恶，表示非去袁不可，并祝三次革命之成功。为了使革命党人互通信息，互相支持，加强与反袁各派的联系，黄兴在日本马关设立办事处，传递昆明、东京、美国之间的信息。袁世凯帝制自为活动公开化以后，黄兴与欧事研究会成员也加紧了反袁活动。当得知蔡锷可能出京去滇时，黄兴即设法通知唐继尧，蔡锷来滇，只借军讨袁，不为都督，不留滇，到即率兵出发。以解除唐继尧之顾虑，并要唐给予支持。黄兴派长子黄一欧回国，向孙中山致意，并与蔡锷建立联系。接着，黄兴又命石陶钧回国，准备投身反袁革命。1915年11月，黄兴通知张孝准，蔡锷将经过日本去云南，要张孝准、石陶钧确保蔡锷安全通过倭地，经香港、安南达到目的地。为此，张孝准曾与蔡锷秘密联系，张还派人送给蔡锷一本可供联系用的电报密码。随后，李小川持张孝准密函到京，希望蔡锷去东京共同商量讨袁计划。蔡锷抵达日本门司时，张孝准、石陶钧等自东京来接，进行密商。后来，石陶钧还曾担任蔡锷所率护国第一军代参谋长，随蔡锷入川征战。

由于黄兴支持了孙中山的第三次革命，欧事研究会成员也逐渐向孙中山靠拢。李烈钧等原欧事研究会重要骨干，后来加入了中华革命党，为孙中山派往云南，参与策动云南起义。其他欧事研究会成员也纷纷回国，投入到反袁武装斗争中。黄兴对反袁武装斗争，十分关注，积极在海外宣传、筹饷，资助反袁武装力量。1916年5月，黄兴返国前夕，致电各省指出："此次讨袁，出于全国人心，理无党派意见，更无南北区域之可言。"号召进一步大联合，彻底打倒袁世凯。"不除祸本，终是养痈"。（《黄兴集》

第 427 页）在反袁护国战争中，"党界亦消灭，何门户之可言"？（《黄兴集》第 433 页）黄兴返国不久，即因病去世。他是为反袁斗争而献身的。

以黄兴为代表的旧国民党人和欧事研究会，是护国运动中一支不可忽视的政治力量。他们属于资产阶级革命派的一部分，尽管是相对温和的一部分。黄兴本人则在反袁护国运动中处于一种特殊的地位。起着资产阶级革命派、改良派、西南地方实力派，以及与蔡锷等民初知名人士联合的桥梁作用。没有黄兴的作用，反袁各派的大联合是难以想象的。

第三，以梁启超为代表的资产阶级改良派及其进步党。

以梁启超为代表的资产阶级改良派及其进步党，从拥袁到反袁的转变，是民初政治斗争历史的重大事件。这种转变的重要标志是梁启超《异哉所谓国体问题者》的发表。此文的写作，是梁启超"不能忍"袁世凯帝制自为的结果。正如他说："吾实不忍坐视此辈鬼蜮出没，除非天夺吾笔，使不复能属耳。"而且原稿甚为激烈，痛斥帝制之非，后来发表，为友人劝说改得缓和了不少。但反袁态度还是比较鲜明的，所以才有袁世凯贿赂、收买，甚至威胁、恐吓的行动，接踵而来。接着，梁启超先后与蔡锷、戴戡、王伯群、汤觉顿等多次密商，策划讨袁。梁启超对此曾明确解释："自动则皆股肱，被动则我归淘汰。得失之机，间不容发。"为了不落"牛后"，才能"自存"。因此，在反袁斗争中，梁启超是相当积极的。

梁启超不仅是袁世凯身边第一个公开打出反袁旗号的重要人物，而且身体力行，直接投入了反袁护国的前线行列。当蔡锷从北京出走后，梁启超亦于 1915 年 12 月 16 日躲过密探的监视，冒着生命危险，从天津乘轮船去上海。梁启超在上海，忙于收集各方面的信息，与护国军互通信息；并利用上海，开展外交活动，争取国际上的支持；同时还试图争取在南京的冯国璋，以减轻北军对护国军的军事压力。在护国战争的艰苦日子里，梁启超给蔡锷多次去信，提供信息，指陈方略。蔡锷回忆梁启超"每书动二三千言，批陈方略极详"。（梁启超《从军日记》，《盾鼻集》）

在贵州响应云南反袁独立以后，梁启超又立劝广西将军陆荣廷宣布广西反袁独立。陆荣延表示，只要梁启超去广西，他就宣布独立。于是，梁启超又再次冒着生命危险去广西。梁启超广西之行，无比艰辛，好比一部冒险小说。1914年3月14日，梁启超密友汤觉顿到达南宁，报告梁启超即将来到，陆荣廷即于第二天（3月15日）宣布广西独立。当然，广西独立的原因是多方面的，但梁启超去广西的作用不能不是促成广西独立的原因之一。后来，护国起义独立各省，组成南方政府——护国军军务院，梁启超也功不可没，起了重要作用。

梁启超实际上扮演了护国军军师的角色。尽管，梁启超在抛出《异哉所谓国体问题者》一文后，为了避免牵扯进步党，即宣布与进步党脱离关系。然而梁启超与进步党虽然组织上"脱离关系"，而思想上的联系却似乎更加密切。由于梁启超带了头，进步党相当一部分成员（包括主要领导成员），投入了直接或间接的反袁斗争之中。即使在北京政府中的进步党头面人物，除个别人（如参政院秘书长林长民）以外，大多借故挂冠而去。如进步党理事长、参政院院长黎元洪托词有病，坚辞副总统，拒不出席参政院会议。农商总长张謇请假回原籍江苏南通，抵家乡后立即递上辞呈。教育总长汤化龙辞职躲到上海。曾任内阁总理的熊希龄以省亲为由，离京回原籍湖南。虽经袁世凯挽留，他们都没有回心转意。进步党重要成员的这种变化，使全国各种消极、积极的反帝制势力，不知不觉地形成了一条自然的联合战线。

第四，以唐继尧为代表的西南地方实力派。

云南、贵州、广西以及广东、四川、湖南的地方实力派大都卷入了反袁护国战争之中。从政治态度方面来讲，他们的成分是复杂的，有的倾向资产阶级革命派，有的倾向资产阶级改良派，也有少数倾向袁世凯。然而从军事方面来讲，他们却是一个一个的实体。他们最终走向反袁战线上来，也从一个侧面反映了反袁各派的大联合。在西南地方实力派中，云南唐继尧的转变具有很大的代表性。

唐继尧早年留学日本加入同盟会，并且参加了辛亥云南起义，是有贡献的。然而他在1912年初，突袭贵阳，与贵州立宪派相勾结，登上了贵州都督宝座后，政治态度愈来愈转向支持袁世凯一边，以至掉转枪口，屠杀革命党人。他返回云南之初，镇压响应二次革命的大理起义领导人杨春魁，屠杀辛亥滇西起义领导人张文光，杀害中华革命党云南支部总务徐天禄等，都是有案可查的。

当袁世凯帝制自为活动公开化以后，在举国一致反袁斗争高涨的形势下，曾受辛亥革命熏陶的云南中下级军官酝酿反袁的逼迫下，唐继尧才逐渐地由拥袁向反袁的转变。护国战争开始以后，唐继尧被推为云南都督和护国第三军总司令，成为反袁护国战争的主要领导人之一。

唐继尧坐镇云南，粉碎了袁世凯派兵由广西入侵云南的企图。唐继尧的投入护国战争，为反袁护国战争提供了后方基地和兵源，增加了护国军的安全感。同时，由于唐继尧的转变，对贵州的刘显世、广西的陆荣廷的转变，起了推动作用，使西南地方实力派连成一片。作为一个一个的军事实力，在反袁护国战争中起到了不可忽视的作用。

第五，以蔡锷为代表的民初军政界知名人士。

蔡锷究竟代表了什么政治力量，学术界的意见，并不完全一致。有人说他属于资产阶级改良派，有人说他属于资产阶级革命派，有人说他属于西南地方实力派，这些说法，都有一定的道理。其实，他既可能属于这一派，也可能属于那一派，因为他与这些派别都有相当的关系或渊源。

蔡锷是湖南人，清末民初长期在西南各省担任重要军政职务，是辛亥云南起义的主要领导人，曾任辛亥首任云南都督。后被袁世凯调往北京，担任要职，却大多没有实权。蔡锷这个人物比较特殊，他是梁启超的学生，又与孙中山、黄兴有交情，与西南地方实力派渊源较深，还和北方上层人士有交往。蔡锷到北京之初，一度对袁世凯抱有幻想。随着袁世凯卖国独裁和帝制活动公开化，蔡锷乃下定反袁的决心，要为四万万人争人格。蔡锷去天津与梁启超策划反袁，又与昆明、上海、香港、东京、北京以及美国等地的革命党人，有着较为广泛的接触和联系，为各方面人士所注目。1915年12月19日，蔡锷经过艰辛的冒险，到达昆明，给正在酝酿的反袁武装斗争以新的刺激，加速了护国战争的爆发。蔡锷来到云南，就任了护国军总司令（后改为护国第一军总司令），在川南抗击袁世凯北洋军的主力，为护国战争立下了不可磨灭的功勋。孙中山、黄兴、梁启超等都给云南起义以很大的支持，并对蔡锷以很高的评价。

当反袁护国战争结束不久，蔡锷以"讨袁名将"、"护国军神"的名声达到顶点时，忽然病逝，他是为护国战争而献身的。蔡锷对于反袁各派的联合起了关键性的纽带作用。如果没有蔡锷所起的纽带作用，反袁联合阵线的形成将是更加松散以至是不大可能的。鉴于蔡锷的特殊地位，这里我们把他归入民初军政界知名人士的行列之中。

第六，以白朗为代表的广大农民群众。

白朗领导的农民武装，起义较早。袁世凯窃取辛亥革命胜利果实后，白朗起义进一步扩大。二次革命期间，孙中山、黄兴都曾主动写信、派人与白朗联系，但因二次革命很快失败，这种联系未取得直接效果。虽然在1914年8月，白朗起义即遭镇压，白朗本人也在战斗中英勇牺牲。但在这以后，反抗袁世凯的农民斗争仍此伏彼起，从未间断，在一定程度上呼应了反袁护国战争。因此，以白朗为代表的广大农民群众，有力地声援了全国的反袁战争，为反袁护国战争奠下了一定的社会基础。

第七，以冯玉祥为代表的北洋军阀内部的反对派。

袁世凯帝制自为，在北洋军阀内部也引起了巨大的不安，导致北洋军阀内部的分裂。北洋军阀的头面人物，由于袁世凯称帝而失去爬上最高统治地位的希望，因此，他们不愿为帝制活动卖力，有的甚至持反对态度。例如，袁世凯的老友徐世昌，不肯俯首称臣，告老"退休"；袁世凯的心腹大将段祺瑞一旁冷眼相看，闭门不出；另一心腹大将冯国璋，坐镇南京，与护国军互通声气，还联合北洋军阀内部四将军，准备密电袁世凯，要挟袁世凯交出政权，取消帝制。其中，尤以冯玉祥反对帝制较为明显。

冯玉祥是北洋军阀的重要将领，时任北军第十六混成旅旅长，被派往四川前线镇压护国军。冯部夺回了被护国军占领的四川叙府（宜宾）后，本可乘胜进军云南，但他却按兵不动。当他的顶头上司曹锟等质问他为何不继续进兵时，他却说，官兵病者太多，不仅身体有病，而且心里亦人人有病。明白表示不愿为袁世凯卖命，并与护国军暗通消息，还与蔡锷建立了联系。后来，干脆把部队开往成都，要四川将军陈宧独立反袁。

北洋军阀内部的反对派，对反袁护国战争在客观上也是一种支持，至少减轻了反袁护国军的军事压力。

此外，海外爱国侨胞支持反袁斗争，也是一股重要的力量，特别是筹饷支援、精神鼓励都起了重大作用。当时的资产阶级、小资产阶级激进民主主义者的一些知识分子，虽然力量微弱，也曾呼吁、呐喊，反对帝制复辟。如，李大钊就曾著文，怒斥"筹安之徒"与"复辟之辈"，是"国家之叛逆，国民之公敌"，必须坚决打击，"无所姑息，不稍优容"。（《李大钊选集》第 56 页，人民出版社 1959 年版）

反袁联合阵线的形成，是以资产阶级革命派和改良派的联合为基础的。革命派联合改良派，是为了壮大革命声势，团结一切可以团结的力量；改良派联合革命派，则是被袁世凯逼上梁山的。由于革命派与改良派有着共同的阶级基础，现在又有了反对袁世凯帝制自为的共同目标，于是联合不仅成为了可能，而且成了历史发展的必然趋势。资产阶级的这两个主要派别，是联合阵线的主要政治力量。

这样，反袁各派政治力量广泛地联合起了来。它包括了以孙中山为首的中华革命党，以黄兴为代表的旧国民党人和欧事研究会，以梁启超为代表的改良派和进步党，以唐继尧为代表的西南地方实力派，以蔡锷为代表的民初军政界知名人士，以白朗为代表的广大农民群众，以冯玉祥为代表的北洋军阀内部的反对派，海外爱国侨胞，甚至还有以康有为为代表的清室复辟派，他们都在反对袁世凯复辟帝制的旗帜下，行动起来、联合起来。正是这种空前壮观的反袁大联合，推动了护国战争在云南的爆发。

还应当提及的是，袁世凯的六弟袁世彤、妹妹袁书贞居然也登报声明，与袁世凯脱离兄弟姊妹关系，反对袁世凯当皇帝。袁世彤还一度组织"讨袁军"，虽仅有 20 来人，随即被镇压，仍使袁世凯非常不安。

三、云南护国起义的酝酿

在举国一致反袁斗争日益高涨的形势下，反袁护国战争首先爆发于云南，不仅反映了全国人民的意志，而且也反映云南有利的特殊条件。第一，云南地处祖国西南边疆，与法国、英国的属地越南、缅甸接壤，在军事上无后顾之忧。境内山川险阻，地形险要，进则易攻，退则易守，在军事上扼险要之势。第二，云南是边防重地，清末就开始驻扎重兵。护国起义前，云南有陆军两师一旅，约 2 万人，是辛亥革命后国内几乎惟一原封不动地保留下来的滇军，不属于北洋系的军队，士兵素质较好，上级军官大多是日本陆军士官学校毕业的，中下级军官亦多是云南陆军讲武堂的毕业生，曾经受过严格的训练和教育，受过辛亥革命的洗礼和锻炼，受过革命思想的熏陶，有浓厚的爱国主义思想。第三，云南陆军军械大多是德国克虏伯厂的产品，枪炮火力较强，是清末以重金购买来的，军械包括步枪、机关枪、山炮、野炮等品种较为齐全，弹药配备也较充裕，而且云南有自己的弹药厂，日产子弹2万余发，军事力量为西南各省之冠。第四，云南当时的几位主要当权人物，原来多是同盟会员或倾向革命的人，深受辛亥革命的洗礼和熏陶。第五，此时的云南，北洋军阀势力尚未达到，北京政府对云南大有"鞭长莫及"之感；即使有少数北洋派军官担任中上级军官，但颇感"势单力薄"。由于有这些条件，各派自然把武装起义寄希望于云南。

早在蔡锷人滇前，云南即已酝酿反袁武装起义，先后召开过三次秘密军事会议（蔡锷到昆后又召开了两次，共召开五次军事会议），进行倒袁布置。第一次会议于1915年9月11日，在警卫混成团团部召开，出席会议的中下级军官有罗佩金、赵又新、黄毓成、叶荃、邓泰中、杨蓁、董鸿勋等，会议认为我们以无数热血换来的民国，一旦为袁氏独夫夺去成为私家财产，是可忍孰不可忍。讨论结果，与会者一致反对帝制，并决议三事：

蔡锷与同事

一、积极提倡部下爱国精神；二、整理武装，准备作战；三、严守秘密。

第二次会议于 10 月 7 日，在警卫团团部召开，讨论保卫民国和起义时机问题。关于起义时机，会议决议四项：一、中部各省中有一省可望响应时；二、黔、桂、川三省中有一省可望响应时；三、海外华侨或民党接济粮饷时；四、如上述三项时机均归无效，则本省为争国民人格计，亦孤注一掷，宣告独立。会议明确提出要联合省外各种反袁力量，共同发动起义。

起义的准备，被袁世凯派来云南的特务、滇军第一师参谋长路孝忱发觉，向袁告密。袁一面密令四川将军防制；一面派人到滇中蛊惑人心，破坏举义。形势十分紧张。因此，10 月 3 日，滇军军官召开了第三次会议，讨论起义计划问题。会议决定，将滇军一、二两师编为一个军，下分为三个梯团，借剿匪为名，将第一梯团运动至四川叙府（宜宾）附近；第二梯团运动至四川泸州附近；第三梯团运动至重庆附近。出其不意，一举而占领叙府、泸州、重庆。得此三地，四川即在滇军掌握之中，然后宣布独立，反对帝制。同时，再组织第三师，开往贵州，帮助独立；再出师湘西，会师武汉。这个起义和作战计划，受到一致赞成，并决定以罗佩金为军长，率部出川；邓泰中、杨蓁担任第一梯团的两个支队长，借剿匪为名先开往滇东北镇雄，秘密向川边移动。12 月初，邓、杨两支队奉命先后离昆北上。此后，因蔡锷、李烈钧、熊克武等的陆续来昆，根据新的情况，又召开了第四、五次军事会议，调整了部队，修订了起义和作战计划。（参见庚恩旸：《云南首义拥护共和始末记》第 14—20 页，云南省图书馆 1917 年版）

这些准备工作，为云南起义打下了良好基础。正如蔡锷到滇后获悉的情形那样。"滇中军官健者如邓泰中、杨蓁、董鸿勋、黄永社等，自筹安会发生后，愤慨异常，屡进言于冀督（唐继尧、字冀赓），并探询进止。冀以未得吾侪之意向所在，且于各方情形不悉其真相，遂一意稳静。荏苒数月，不得要领"。（曾业英编《蔡锷集》第 1255 页）后任护国第一军秘书长的李曰垓也回忆说，1915 年秋间，筹安会初起，滇军中下级军官三五人一组，聚集议论，事实上已无日不在秘密筹议运动之中，我和赵又新、黄毓成同为一组，日夕筹议。后来发现罗佩金、顾品珍、邓泰中、杨蓁、董鸿勋、吕志伊及相关人士，亦先后相聚倾吐，这才知道各有组集，于是各组综合，由董鸿勋出面倡言，先解决滇局，以耸人听，其议遂定。这已经是 11 月下旬了。（李曰垓：《客问》，《永昌府文征》文录卷廿六）滇军中下级军官决定武装讨袁的同时，对唐继尧则决定了四项办法：一、于适当时期，要求唐氏表示态度；二、如唐氏反对帝制，则仍拥其为领袖；三、如中立，则将他送往越南；四、如仍赞成帝制，则杀之。（《天民回顾录》，《昆明文史资料选辑》第 1 辑第 10 页）这一时期，唐继尧是比较犹豫的，因而迟疑不决。但是军中官兵情绪激昂，唐继尧深恐军心不稳，顾及自己的安全和地位；又闻蔡锷即将来滇，发动起义；而袁世凯的心腹大将冯国璋亦有支持起义的动向，这就促成了唐继尧最终下定了反袁的决心。

当蔡锷等人到达昆明前后，形势又有了新的变化。袁世凯加紧和日本帝国主义进行勾结，决定派周自齐为特使赴日本，以向日本天皇赠勋为名，准备出卖更多的国家权益，换取日本政府更多地支持袁世凯称帝。梁启超得到此事，慌忙到南京的江苏将军府，于 12 月 22 日急电蔡锷，声称"由于外交上的某种原因"，云南起义要尽快宣布，讨袁通电要尽早发出。梁启超由南京发出的密电，给蔡锷和云集昆明的各派反袁人士一种感觉，密电是由江苏将军府发出，江苏将军冯国璋可能也有动作了，这不能不对云南方面起了推动作用。

而在袁世凯方面，也加紧了对云南的防范。袁世凯得到蔡锷等人可能入滇的消息时，除密令云南蒙自道尹周沆、阿迷县知事张一鲲，袭击和毒害蔡锷外；又通过海陆军大元帅统率办事处，于 12 月 18、19 日连续两次急电云南将军唐继尧，准许唐继尧全权便宜处置，无论何人，但有谋乱行为，立置于法，事后报明，无庸先行请示。同时指出，蔡锷、戴戡，偕同党人入滇谋乱，要严密查防。形势颇为紧迫，反袁起义不得不紧为布置。

而在蔡锷到达昆明之前，原国民党人和中华革命党人李烈钧、熊克武等反袁人士，亦先后来到昆明，共同策划反袁武装起义。12月19日，蔡锷到昆之时，儿童奔走相告，滇军兴奋异常。在滇军将领为蔡锷设宴洗尘的宴会上，蔡锷致词，说明来意："我在北京很想念云南及各位同学、同事与一般健儿。自辛亥革命以来，我负云南之责任，得大家协助。援川、援黔、肃清云南内部乱事，都得大家力量，我个人无特殊能力。因得到云南各界人士协助，我督滇以来，未发生异状。""北京筹安会起，杨度等拥护袁氏，渐渐北京风潮甚高，我内心非常愤慨，但无法解救。想尽一切办法，才离北京至天津，搭船到日本，转达香港。云南群众很富爱国思想与民权思想。我坚决回到云南，希望大家努力，打倒洪宪！"唐继尧也在会上发言，称蔡锷为"老前辈"，说，大家同心同德，拥护老前辈所指示的打倒袁世凯和救国的一切方针。（邹若衡：《云南护国战争亲历记》，《云南文史资料选辑》第10辑第148页）大家举杯敬蔡，表示拥蔡和祝贺。

由于形势所迫，隔一日，即12月21日，在蔡锷、唐继尧的主持下，举行了准备起义的第四次军事会议，齐集昆明的各派反袁人士和云南的主要军政人员，均参与了密议。蔡锷在会上作了慷慨激昂的发言，他说："我们这一次一定要反对袁世凯。当辛亥革命时，我们发动革命，我们出生入死地进行奋斗，最后才突破难关，把满清推倒，建立了中华民国。现在袁世凯攫取了辛亥革命的胜利果实，自己做起皇帝来，难道我们革命的艰苦奋斗是为袁世凯造机会吗？现在袁世凯既做皇帝了，我们如果不起来反抗，让他登上皇帝的位置，那么我们从此就在他的专制统治下，永远不能翻身，那中华民国就成了空招牌，这不是我们初心。我们前一次革命曾经历非常重大的危险，这样重大的危险我们已经安然过去了，今天还有什么重大危险呢！我想这一次革命无论如何，不会像以前那么危险了，所以我们非起来反袁不可。这时候如果不起来干一下，不但对不起国家，对不起已牺牲的烈士，而且也对不起自己。请大家鼓起信心和勇气吧，没有什么可怕的，只要大家一心一德去干，担保可以克敌制胜，敌人一定能够消灭的。"（叶成林：《护国运动的一段回忆》，《近代史资料》1957 年第 5 期第 148 页）蔡锷的讲话，对大家是很大的帮助和鼓励。

参加这次会议的人员还有李烈钧、熊克武、方声涛、戴戡、但懋辛、王伯群、任可澄、罗佩金、刘祖武、张子贞、顾品珍、黄毓成、殷承瓛、由云龙、籍忠黄、刘云峰、杨蓁、唐继虞、李曰垓、孙永安、龚振鹏、戢翼翘、周官和、庾恩旸等人。经共同决议，大家认为"宣布起义日期不可再缓"。遂决定紧急行动，先电袁氏，令其取消帝制，然后宣布云南独立。

12 月 22 日，又举行了起义前的第五次军事会议，起义者们举行了庄严的宣誓仪式，歃血为盟。参加宣誓的人有：蔡锷、唐继尧、李烈钧、任可澄、罗佩金、戴戡、张子贞、黄毓成、赵又新、殷承瓛，杨杰、戢翼翘、叶成林、欧阳沂、何海清、马为麟、吴和宣、盛荣超、邓埙、唐继虞、李沛、李友勋、徐进、马聪、秦光第、李修家、李朝阳、董鸿勋、赵世铭、李琪、胡道文、李雁宾、王伯群、庾恩旸等。誓词为：

拥护共和，我辈之责。

兴师起义，誓灭国贼。

成败利钝，与同休戚。

万苦千难，舍命不渝。

凡我同人，坚持定力。

有渝此盟，神明必殛。

（庾恩旸：《云南首义拥护共和始末记》第20页）

　　宣誓起义后，起义者们又连夜讨论了军政府的组成和军队的编制，以及起义的各种安排。

　　关于反袁军的取名问题，是经过一番慎重讨论才决定的。最初，有人提议用"共和军"，有人建议用"讨逆军"，蔡锷亦一度曾主张用"讨逆军"之名，他援用永乐靖难的例子，主张用"讨逆"或"讨贼"，这样旗帜鲜明。经过讨论，认为此次义师之兴，原系国民党放逐独夫，出于全国公意。从前政党，有共和之名，今用共和军，恐世人将疑为一部分人的行动，有党派嫌疑。讨逆名称，也嫌空泛。军人以救国为天职，这次起事，直接为讨袁问题，间接为救国问题，故以护国军名义，冠上中华民国为妥。关于"护国军"一词，最初由吕志伊提出，会上李曰垓重申后，遂取得一致意见。李曰垓发言大意说，欧战初发，欧人无暇东顾，日本大隈内阁，正以"二十一条"恫吓我国，袁遣使去日本，俨然以石敬瑭自居，日本也想利用袁贼为刘豫、张邦昌之流。帝制若成，中国必然沦为日本殖民地。讨袁关系到国家存亡，已非一般叛逆可比，而是护卫国家之义举，应以"护国"之名。关于这个名称，后来蔡锷在一个文告中曾加以说明："本军何以叫做护国军呢？因为袁世凯要想灭亡民国，帝制自为，把人人有份的民国，变成他袁家私有之产业，其结果对内则一味蛮横，对外则曲意将顺，袁世凯即不做皇帝，也要将国事闹坏。但不做皇帝，还有总统任满的时候，另人可以补救。他既做皇帝，我们中国必定由他一手断送了。我们深怕亡国，所以出兵讨袁，是永护中华民国的意思，所以才叫护国军哩！"这段话对"护

国军"含义作了明确的解释。（曾业英编：《蔡锷集》第1292—1295页）

会议中，谁留守，谁出征，也有过争论。蔡锷希望率兵出征，不愿留守；唐继尧则表示谦让，希望远道而来的蔡锷留守云南，自己统兵出征。李烈钧以蔡锷为日本陆军士官学校第三期毕业生，而唐继尧为该校第六期毕业生，蔡锷行辈较老，亦劝蔡锷留守。蔡锷始终不同意。如此，反复辩论、协商，情词诚挚，至于泣下。最后以会议多数主张维持现状，蔡锷出征，唐继尧留守，出征者为总司令，留守者为都督，公事彼此用咨文。这就是说总司令与都督地位是平行的。关于停战、议和等事，须征得内外同意。这样，以蔡锷为护国军总司令（后改为护国军第一军总司令），唐继尧为护国军政府都督，二人的地位是平等的。与会者在宣誓后，三呼"万岁"而散。

云南护国起义的酝酿，已经成熟，可谓万事俱备，只欠东风了。

四、护国战争正式爆发

根据1915年12月21日、22日两次滇军军事会议的决定，12月23日，以开武将军、督理云南军务唐继尧，云南巡按使任可澄的名义，致电袁世凯，要求取消帝制，诛除帝制祸首杨度、孙毓筠、严复、刘师培、李燮和、胡瑛、段芝贵、朱启钤、周自齐、梁士诒、张镇芳、雷震春、袁乃宽等13人。电报说："此间军民，痛恨久积，非得有中央永除帝制之实据，万难劝镇。"这实际上是最后通牒，电报限12月25日上午10时答复。（《历史档案》1981年第4期第65页）这是采取先礼后兵的策略，使自己立于不败之地。同一日，蔡锷致电四川第二师师长刘存厚说，讨袁之事，两月以来，一切计划，分途并进，次第得手。现滇、黔、粤、桂、湘、宁、浙、赣、鲁、秦等省，或早经决心，并已准备妥协，或通联络，得其赞同。其他各省，亦多运动成熟，可望响应。滇日内首义，与袁宣战，决出二师。分援湘蜀，共图中原。希望川中义士，相机应援。蔡锷对反袁战争的估计，是相当乐观的。（曾业英编：《蔡锷集》第 1231—1232 页）

12 月 24 日，蔡锷、戴戡等再电袁世凯说："弥月以来，周历南北，痛心召侮，无地不然。顷间抵滇，舆情尤为愤激。适见唐将军、任巡按使漾日电陈，吁请取消帝制，惩办元凶，是征人心大同，全国一致。"请求立即取消帝制，诛除祸首。"否则，土崩之祸，即在日前，噬脐之悔，云何能及？"（曾业英编：《蔡锷集》第 1232 页）

然而，到期未能收到袁世凯的答复。12 月 25 日，唐继尧、任可澄、蔡锷、戴戡等人联名发出通电，宣布云南独立讨袁。电报说："天祸中国，元首谋逆，蔑弃约法，背食誓言，拂逆舆情，自为帝制。""夫总统者，民国之总统也，凡百官守，皆民国之官守也。既为背叛民国之罪人，当然丧失元首之资格。尧等深受国恩，义不从贼，今已严拒伪命，奠定滇黔诸地，即日宣布独立，为国婴守，并檄四方，声罪致讨。"（曾业英编：《蔡锷集》第 1234—1236 页）

云南宣布独立，反对帝制，武力讨袁通电的发表，标志着从云南首义开始的反袁护国战争正式爆发。护国战争在袁世凯称帝"登基"之先提前发动，在政治上是有重大意义和作用的。它揭穿了全民拥戴袁世凯为"中华帝国"皇帝的谎言，打乱了袁世凯的全盘政治计划，遏制了袁世凯倒行逆施，恣意横行，猖狂复辟的罪恶行径。云南首义护国，向全世界宣告了中国人民坚持民主共和的立场，坚决反对复辟封建帝制的决心，在国际上产生了重大影响，使某些热衷于支持袁世凯称帝，以扩大其在中国的侵略利益的帝国主义国家，也不得不有所顾忌。袁世凯及其复辟帝制派集团，在政治上陷入了孤立和被动的困境。只是在军事上，由于起义讨袁通电提前发表，在云南尚未完成军事部署，就宣告护国讨袁战争爆发。这就出现了先独立、后出师的局面，给袁世凯以喘息的机会，能从容进行军事防御，给护国军以后的军事行动带来了重重困难。

云南起义消息一传出，顿时昆明各界人民欢呼雷动，全市游行，高呼"打倒袁世凯"，"拥护共和"口号，至夜乃息。

宣布起义的同时，组织了讨袁护国军和护国军云南都督府，以蔡锷为护国军总司令（后因编护国三军，蔡锷的护国军改名为护国第一军），唐继尧为护国军云南都督。稍后，兵力扩充，组织护国第二军，以李烈钧为总司令；组织护国第三军，唐继尧以都督兼第三军总司令；另组挺进军，以黄毓成为总司令。出师计划规定，护国第一军出蜀，第二军入桂，第三军留守，挺进军相机行动。

关于护国战争的目的，护国出师讨袁檄文宣布："与全国民戮力，拥护共和国体，使帝制永不发生，义一；划定中央地方权限，图各省民力之自由发展，义二；建设名实相符之立宪政治，以适应世界大势，义三；以诚意巩固邦交，增进国际国体上之资格，义四。建此四义，奉以纲维。"（《会泽首义文牍》下册文告第12页，云南开智公司1917年版）归根结底，是为了反对复辟封建帝制，维护辛亥革命以后建立的共和制度。

关于护国军总司令与都督之职权及其相互关系，在《中华民国滇黔军都督府与护国第一军总司令之规约》中，作了如下规定。

袁贼肆逆，背叛民国，本军义不从贼，决计就滇、黔两省兴师举义，互相提挈，拥护共和，铲除帝制。首先编制护国第一军，公推总司令一人统率全军，专任由川进攻事宜。所有滇、黔都督暨总司令，各有职责，特定规约，以资遵守。

（一）关于滇、黔各本省军民一切事件，滇、黔都督自主之。

（二）关于配置军队，筹备饷粮，滇、黔都督会同第一军总司令主之。

（三）关于军队进行作战计划，第一军总司令主之，仍随时知照滇、黔都督，以期连贯。

（四）关于大局及对外事件，彼此商定后，由滇、黔都督领衔行之。（《云南公报》第四册，1916 年 1 月）

在宣布云南起义之后，蔡锷不厌其烦地与各方面进行联系、劝说，对当时担任四川将军的湖南人陈宦，蔡锷去了专电，希望他识大体，顾大局，幡然悔悟，现在"京中名流，多被嫌禁锢。日暮穷途，倒行逆施，是晚清之不若矣。""何去何从，惟公裁之"。（曾业英编：《蔡锷集》第 1233 页）

12 月 27、30、31 日，蔡锷与唐继尧等人多次发出通电，历数袁世凯镇压二次革命后，"恃其武力，遽即骄盈，蹂躏人权，弁髦法治。国会加以解散，自治横被摧残，异己削迹于国中，大权独操于一手"，可是仍不满足，"野心愈肆，元首谋逆，帝制自为"。这一系列的不仁、不义、不智、不信、不让的罪恶行径，证明袁世凯是"寡廉鲜耻"的大盗，决不能让他再窃取国家大权，必须全国一致，积极行动起来，把他打倒。（曾业英编：《蔡锷集》第 1234—1236 页）

蔡锷还语重心长地发布了《告滇中父老文》，以谈心的方式，说明自己的想法和态度。他首先说："锷去滇二年于兹矣。忆辛亥起义，仓卒为众所推，式钦式食于兹土者，亦既有年。自惟德薄能鲜，无补于父老，而父老顾不以其不职而莫我有谷焉，则父老之所以遇我者良厚。属以内迁，不获久与父老游。卒卒北行，伴食权门，郁郁谁语？睹此国难之方兴，计好义急公，堪共忧患，誓死生者，茫茫宇内，盖莫我滇父老若。今锷之所以来，盖诚有为国请命于父老之前者，愿父老之重听焉。"然后说，袁世凯窃踞民国以后，罪行累累。"伊古昏暴之祸，盖未有若袁逆世凯之甚者。顾中国志士仁人，所以忍痛斯须，虚与委婉者，诚念飘摇风雨，国步方艰，冀民国国体不变，元首更替有期，犹可徐图补救耳。乃袁逆贪黩，又复帝制自为，俾兹祸种，贻我新邑。袁逆之帝制成，吾民之希望绝矣。"因此，"今日之势，民国国民与袁逆义不共戴。"蔡锷愿尽一切力量，为捍卫民国，也愿我父老之一鼓作气，再接而再厉之，以期底于成。"斯国家无疆之庥，而亦吾滇父老不朽之盛业也。"蔡锷对云南父老抱有殷切的希望。（曾业英编：《蔡锷集》第1243—1244页）

蔡锷在多起致海外侨胞的通电中，反复说明反袁之宗旨，并希望爱国侨胞，"同心提挈，毅力扶持，慨助义金，共襄盛举，庶偕来筚笴，用集底完之奇勋，重整河山，复巩共和立大局"。对海外侨胞，亦抱有很大希望。（曾业英编：《蔡锷集》第1245—1247页）

1916年1月1日，护国三军总司令蔡锷、李烈钧、唐继尧发表了《讨袁檄文》，列举袁世凯的20大罪状，一是辛亥建国之初，制造北京政变，用以要挟国人，迁就受职。使国权出于遥授，玩视国家之尊严。二是新国既成，迁延养敌，废时失机，贻宗邦后顾之殷忧，损五族雄飞之资望。三是对内阁、国会，嗾使军警，围逼议员，索责同意，用以示威国人，开武力政治之渐，使民意机关，失其自由宣泄之用。四是乱政亟行，于焉作俑，侵官败法，为世大诟。滥用政府权威，诬杀建国勋人张振武，使法律信用，失其效能，国本动摇，政本销铄。五是政府机关，妄复旧制，不俟公决，辄令以行，使议院立法，失其尊严，国权行使，因此紊乱。六是私立外约，断送盐税，换借外资，厉害民国，不经众院，瞬息挥霍，不事报闻，蔑视通宪。七是排除异己，狙杀国党领袖宋教仁。以元首资格，为谋杀凶犯，既辱国体，且贻外讥，国家威严，因以扫地。八是私拨国帑，肥养爪牙，收买议员，笼络政客，用以陷辱国会，使议政要区，化为捣乱之场，法案迁延，藉作独裁之柄。九是袁氏临时任满，正式更迭之际，鄙夫患失，至兵围国会，囚逼议员，使强选总统，以就己名，共和大宪，根本动摇，国势益以危疑，后世难乎为继。十是假托危词，罗织党狱，滥用行政权，私削议员资格，用以鸩杀国会，元首生身，等于孽子。十一是私意召集官僚，开政治会议、约法会议，冒称民意，更改约法，摹拟君主，独揽大权，民国政制，荡然无存。十二是黜民崇吏，既吞约法，复尽灭各地方议会，密布游探，诬报党狱，人民权利，全失保障，毒吏得以横行，民业日以凋瘁。十三是私托外援，断送利权，惹起国交之猜嫌，增益宗邦之危难。十四是承他邦意旨，发布誓言，辱国辱民，倾海不涤。十五是内为恶税，一再搜括，神州沉陆，殷忧可畏。十六是苛政猛虎，同恶相济，清乡剿杀，无时或已。十七是烟害流毒，设局专卖，失信害民，辱国贻讥。十八是身为豪奴，叛国称帝，妖孽丧邦，甘为祸首。十九是欺世盗名，载鬼盈车；秘电飞辞，转兴众口；涂乌引鹿，指称民意；背誓食言，日月舛午；民质国华，尽量消失。二十是利诱威胁，爵饵璧谋，预拟推戴劝进之书表，嗾使蝇营狗苟之党徒，托盗高名，自称代表。丧心病狂，廉耻泯灭。所以，"袁氏之恶，实既上通于天，万死不赦"。凡我国民，"恪遵成宪，翊卫共和，誓除国贼"。打倒袁世凯，保卫民主共和国。（曾业英编：《蔡锷集》第 1248—1254 页）

同日，又发表了《誓告全国申明护国宗旨书》，向全国人民宣布，护国军政府的根本目的，在于讨伐袁世凯，消灭帝制，恢复共和民国。因此需要团结和联合一切反袁人士，共同行动。为此，护国军宣布了四条宗旨。

（一）国人职责，惟在讨袁。天祚吾民，幸克有济，举凡建设之事，当让贤能，以明初志，个人权利思想，悉予铲除。

（二）地无分南北，省无论甲乙，同此领土，同是国民，惟当量材呈功，通力合作，决不参与地域观念，自启纷裂。

（三）倒袁救国，心理大同，但能助我张目，便当引为同志。所有从前党派意见，当然消融，绝无偏倚。

（四）五大民族，同此共和，袁氏得罪民国，已成五族公敌。万众一心，更无何等种族界限。（《护国文献》上册，第85页）

按部就班，一切就绪，战争行进，势所必然了。

五、护国军的编组与出师

云南起义诸人筹划决定，出征及留守的军队与政府的改组，分为两事。出征者将滇军中精锐尽行带出，留守者改组为都督府。蔡、唐两人各任其一。

留守后方的军政府组织，讨论中有两种意见。一种意见建议，设立临时元帅府，推举临时元帅，作为临时总统，同时召集省议会，作为临时国会之雏形。以与北京袁政府相对抗。另一种意见认为，元帅府的设置不利于促使其他各省的响应，还是照中华民国成立时的体制和名称，设立中华民国云南都督府为好。后一种意见，获得多数人赞同遂通过，乃撤销袁政府的云南将军和云南巡按使名称，成立了云南都督府，并制定了《云南都督府组织条例》。

根据蔡、唐各任其一的决定，推举唐继尧为云南都督，并由唐任命了都督府的主要官员，发布了讨袁檄文和一系列的对内对外文告，宣传云南起义护国的正义性，揭露袁世凯的叛国罪行，阐明云南都督府内政及外交方针。还先后发布了《护国军政府致各友邦之通牒》、《照会驻北京各国公使暨津沪汉渝等处各国领事文》、《照会驻云南各领事文》等一系列外交文告，揭露袁世凯背叛民国罪行，以及对各友邦用欺诈手段，破坏邦交。现在护国起义，挽救共和民国，并郑重宣布：帝制问题发生以前，与各国签订之条约，继续有效；帝制问题发生以后，袁政府与各国所订结之条约、契约及借款等，民国政府概不承认；本都督势力范围内居留之各国人民，其生命财产力任保护等。这些条件，反映了云南都督府的对外方针，以及对外关系之策略。

关于云南起义的出兵计划，在1915年12月21、22日召开的军事会议上，反复讨论，提出了三种方案。第一种方案为唐继尧提出，主张全力东进，通过贵州，控制湖南，夺取武汉，进军中原。据此，唐继尧提出"三路出师"计划，三面出击，多路分兵。第二种方案为蔡锷提出，以护国军主力进军四川，出敌不意，一举攻占叙、泸、渝，然后扩大战线。第三种方案为李烈钧提出，主力攻两广。由于起义紧迫，三种方案未及充分讨论，而已宣布云南独立，乃匆匆决定向四川、湖南、广西三路出师计划，而以蔡锷率滇军主力攻四川为重点。这个计划折衷了唐、蔡、李三种主张，故又决定编组护国军为三个军，分别向四川、湖南、两广进军。而以四川为重点。其时，滇军仅有两师一旅，加上地方警备部队，总兵力约2万人。而袁世凯控制的北洋陆军有12个师，兵力在25万人以上，并拥有海军，因此护国军与北洋军兵力对比，悬殊甚大。护国军不得不增强兵力，扩大军队，所以将原决定之护国军总司令部改为护国第一军总司令部，另扩编护国第二军和第三军。

以蔡锷为总司令、罗佩金为总参谋长的护国第一军，领得1万元经费后，即在昆明八省会馆设立总司令部，由参谋、副官、秘书、军需、军械、军法、军医、财务八个处组成，并直辖警卫大队、炮兵大队等。司令部的主要成员是：

护国第一军总司令　蔡锷

总参谋长　罗佩金

参谋处长　王兆翔

副官处长　何鹏翔

秘书处长　李日垓（后为秘书长）

军需处长　陈之阶

军械处长　陈之阶（兼）

军法处长　王为五

军医处长　李丕章

财务处长　李临阳

总部警卫大队长　贾子寿

炮兵大队长　耿金锡

护国第一军总部成立时，蔡锷率总部官佐各刺指血，签名讨袁。总司令部下辖四个梯团。

第一梯团长　刘云峰　后为雷飚

　第一支队长　邓泰中　后为田钟谷

　第二支队长　杨蓁　后为金汉鼎

第二梯团长　赵又新

　第三支队长　董鸿勋 后为朱德

　第四支队长　何海清

第三梯团长　顾品珍

　第五支队长　禄国藩

　第六支队长　朱德　后为玉秉钧

第四梯团长　戴戡

　第七支队长　熊其勋

　第八支队长　王文华

此外尚有骑兵一连，宪兵和警察各一中队。所用武器，除炮兵大队有德国克虏伯厂退山炮二三十门外，第一、二两支队尚有退山炮四门、重机枪四挺，配备齐全，较为精锐。第三支队的武器稍次，第四、五、六支队武器较差，使用的多半是旧式九子枪。而第四梯团的两个支队是黔军，名义上属护国第一军，在战斗中是单独行动的。因此，第一军实际上只有三个梯团，总兵约7000人，实力不算雄厚，但士气高昂，指挥得法，又得到人民群众的支持，因而有战斗力。

作为护国第一军总司令的蔡锷，是一个比较特殊的人物。他与多方面、多派别、多政治势力和军事集团，都有联系。因此蔡锷在反袁各派大联合中所起的纽带作用是难以取代的，事实上成了护国战争的象征，人称"护国军神"。在西方记者的眼里，他是得到了"整个西部老百姓的普遍爱戴"。而且他与袁世凯相比，无疑是聪明得多的人，是真诚的爱国者和更诚实的统治者。还在护国战争刚刚开始不久，外国人就预言，如果蔡锷能进一步联络四川、广东等地的力量的话，那么这次反袁战争一定会取得成功。（[澳]骆惠敏编：《清末民初政情内幕》下册第523—533页，上海知识出版社1986年版）

其时，被编入蔡锷第一军的支队长（相当于团长）的朱德，正驻防滇南蒙自、建水一带。起义前夕，蔡锷派专人带了一封信去滇南交朱德及其在滇南部队中的爱国将领，向他们介绍了各省反袁斗争的形势及其前景，云南出师讨袁的计划等。然后要他们积极准备，以便在12月25日蒙自能与昆明以及省内其他几个较大的城市同时发动起义。起义后，蒙自的部队必须立刻乘火车前往昆明，预备向四川开拔。

12月25日凌晨，朱德遵照蔡锷预定的计划和号召，率领革命士兵驱逐了帝制派军官，宣布反袁起义，并举行了讨袁誓师大会。会后，朱德和他的同事们征用了在蒙自所有的火车皮，把他们率领的部队全体开往昆明。

朱德到昆明后，立即下火车赶到八省会馆蔡锷的司令部。蔡锷和参谋们正在开会。朱德回忆说，蔡锷见到我的来到，很为高兴。他起身向我走来的时候，"我大吃一惊，说不出话来，他瘦得像鬼，两颊下陷，整个脸上只有两眼还闪闪发光。肺结核（后来诊断为喉头结核）正威胁着他的生命。那时他的声音已很微弱，我们必须很留心才能听得清。当他向我走来的时候，我低头流泪，一句话也说不出来。他虽然命在旦夕，思想却一如既往，锋利得像把宝剑。我们坐下来，他说明了全国各地起义的计划，并且说云南必须挑起重担，等待其他各省共和派力量组织起来。三天之后，我们就要出兵四川，袁世凯一些最精锐的部队驻扎在那里。他确信附近各省的袁世凯军队已经准备入川，并且提醒我们说，这次作战和辛亥那年大不相同。四川驻满了北洋军队，靠的是袁世凯从外国人手里拿来的贷款，所以装备良好，粮饷充足。我们决不可能像打清兵那样，把袁世凯军队一举粉碎。光是在川南，他就有四个旅，由他的亲信统率，他的另一个朋友、飞扬跋扈的小军阀曹锟，是坐镇成都的司令。"要我们一定要提高警惕。

蔡锷继续说，李烈钧率领的第二军，要立即出兵贵州，扫荡袁世凯在那里的部队，然后转道广西，直奔滨海的广东。第一军和其他附属部队要出兵四川，增援部队只要训练完成，也应跟着调上前线。我要亲自率领第一军，向四川进攻。

朱德忧心地说："可是你不能带部队去啊！你有病，要送命的。"

蔡锷望望朱德说道："别无办法，反正我的日子也不多了，我要把全部生命献给民国！"（[美]史沫特莱：《伟大的道路——朱德的生平和时代》第131—132页）

蔡锷正是带着病残的身体，不畏艰难，不怕牺牲，冒着生命危险走上武装讨袁的最前线的。接着，蔡锷率领护国第一军的主力出师，向四川挺进。

鏖战川南

一、妄图反扑，袁氏调兵遣将

12月25日云南宣布独立讨袁，袁世凯极为惶恐不安，举止失措。在同一日召开的国务会议上，一开始袁世凯竟语无伦次地说"云南自称政府，照会英、法领事，脱离中央，此事余本不主张，尔等逼余为之"。（白蕉：《袁世凯与中华民国》第302页，张一麐眉批）这是企图嫁祸于人，众默然，可见袁世凯之惊慌程度。不过，老奸巨猾的袁世凯很快镇静下来，露出了狰狞的面目。在国务会议一结束，他立即从政治、军事各方面对云南进行反扑。

首先从政治上妄图分化云南内部的起义力量。他在12月29日竟然以"民意"的名义，宣布讨伐起义者。说什么："君主立宪既经国民公决，铁案如山，无可稍易，举国上下皆无反对之余地！若以一二人私意，遂可任意违反，推翻不认，此后国家将凭何者以为是非取舍之标准？无可为准，任听人人各逞其私，更复何能成国？""共和元首之却位，例有守法之誓词，载在《约法》。所誓者何？誓遵民意所定者也。以共和国之元首，一切应以民意从违，此义推之古今中外，无可不通。设民意欲共和，而元首欲帝制，是谓叛民。反之而民意欲帝制，元首仍欲共和，亦为叛民。""夫共和元首，国民已有相当的敬礼，何况今日名分已定，天泽懔然，正宜严君臣上下之分，生乱臣贼子之惧，去共和之余毒，复古国之精神，使此后海宇宴安，定于一统。"同时，宣布蔡锷、唐继尧等有"构中外之恶感"、"违背国民公意"、"诬蔑元首"三大"罪状"，剥夺其官职、爵位，听候查办。（白蕉：《袁世凯与中华民国》第315—322页）

袁氏对云南起义通电涉及内容，避而不答，而令政事堂和统率办事处查询：云南之电，"何以与前致统率办事处、参谋部及本部电，迥而不同？

是否由他人捏造代发？"又通电各省说："滇电是否假冒捏造，尚待查明。"
至变更国体，滇省亦电劝进，蔡锷亦曾联合军人，亲签名劝进。请唐继尧、
任可澄再查。这是有意给唐以回旋余地。袁世凯还通过英国驻华公使朱尔
典，转托英国驻昆领事，直接离间挑拨唐继尧与蔡锷的关系。劝唐"杀蔡
反正，即封亲王，并由汇丰银行立拨300万元，为馈赠和犒劳用"。袁世
凯离间唐、蔡关系和收买唐继尧的行动没有奏效。

接着，袁世凯又耍花招，命令原滇军第一师师长张子贞加将军衔，暂
代督理云南军务；第二师师长刘祖武代理巡按使，要他们将蔡锷、唐继尧
押解北京治罪，企图策反掌握滇军兵权的两位师长。而张子贞、刘祖武立
即通电，拥护共和，支持护国起义，痛斥袁世凯，"甘以四万万人为牺牲，
全国土地为代价，真千古未有之神奸，旷世未遭之劫运也。全国人民同声
怨愤，滇省军民尤为痛心。"表示一定与蔡、唐一起，"合力同心，扫除
帝制，重建共和"。（《张子贞刘祖武支持护国起义通电》，《共和报紧
急号外》）袁世凯从政治上分化云南内部的阴谋未能得逞。

其次从军事上进行威慑和围剿。在云南宣布起义的次日，即12月26日，
袁世凯命驻在湖南岳阳的曹锟第三师进入战备状态；又命驻北京的张敬尧
第七师和驻保定的李长泰第八师统兵南下。袁世凯认为，区区两个师仅2
万人的滇军，是不难一鼓荡平的。

为了更好调兵遣将，袁世凯在新华宫丰泽园设立"征滇临时军务处"，
亲自主持对云南的军事行动。1916年1月5日，袁世凯接连发布两道命令，
一是各省长官"晓谕人民"，不得支持护国军；二要各省，特别与云南近
邻的各省将军、巡按使，严筹防剿，各军各兵要听候调用。并决定指挥北
洋军，兵分三路，大举向云南进逼。三路进军计划是：

第一路，由第六师师长马继增为司令，指挥湘西、河南、奉天、安徽
等处兵力约2.6万人，拟向辰溪集中，然后从湘西入贵州，从侧翼进攻云南。

第二路，以张敬尧为司令，指挥南苑、岳州、南昌、保定等各处兵力，加上川军两师三混成旅，总兵力约 4.5 万人，为北洋军主力。拟先结集于重庆，然后从泸州突破，进攻云南。

这两路军，又以曹锟为总司令，负责指挥湘、川战争。

第三路，以广东广惠镇守使龙觐光（广东将军龙济光之兄）为云南查办使，率粤军第一师假道广西，进攻云南，抄袭护国军的后路。

后来，又抽调倪毓棻所率的安武军十五营和范国璋的第二十师进入湖南增援。而原第一路军司令马继增，在战事紧张之际，于 1916 年 2 月 26 日暴死，由第六师第一旅旅长周文炳继任该路指挥。

从上述部署来看，四川泸州一带是北军的主攻方向，湘西、粤、桂方面为助攻。因此，只要打垮入川这路北军，其他两路就不难攻破。为此蔡锷主张以四川（川南）为护国军主攻方向，而把重点放在泸州一线。蔡锷决定亲率护国第一军主力的攻泸之战，为要争取主动，就须趁北军主力未能到达泸州一线之前，速与作战，一举攻破，是为最佳作战方案。可是，北洋军主力先于护国军到达泸州，使战场形势发生对护国军颇为不利的变化，也就使泸州为中心的川南战场，争夺十分激烈，形成了中国内战史上著名的恶战，是有枪炮以来，中国内战中以此役最为激烈的场面。

二、挺进四川，攻克叙府

讨袁护国军编组完成后，按照出师计划，蔡锷率护国第一军出川，遣第一梯团长刘云峰率邓泰中、杨蓁两支队为先锋，取叙州（又称叙府，今四川宜宾）；遣第二梯团长赵又新率董鸿勋、何海清两支队，第三梯团长顾品珍率禄国藩、朱德两支队，分取泸州、重庆。

1916 年元旦，护国军在昆明誓师，发布讨袁檄文后宣读誓词，接着出师。这一天，昆明各家各户张灯结彩，悬挂国旗，并于门口张贴红纸金书之"永护共和大纪念"字样。马市口至南门口一带，则复扯彩布，更换门联。老少欢呼，同庆共和。各界人民结队上街游行，高呼"打倒卖国贼袁世凯！""拥护民主共和！"群众踊跃捐款支援护国军，报名参军者络绎不绝，几天之内就达五六千人之多。

护国第一军第一梯团刘云锋所率邓泰中、杨蓁两支队，于云南宣布独立前，即经滇东北昭通，向川边移动，是为护国军的先遣队。由于经费困难，护国第一军主力的两个梯团（第二、三梯团）迟迟未能出发。第一军总参谋长罗佩金，将自己几代人积累下来的资产，抵押给殖边银行，得银12万元，资助军费，第一军主力两梯团才得于1916年1月14日从昆明出发，这已经是云南宣布独立的20天了，想要抢在北军之前控制泸州，已经不可能，这给后来的战争带来了很大的影响。出发前，蔡锷率第一军官兵誓师，在誓词中指出，袁氏帝制自为，是"失我民依，凿我国脉。自我视听，天夺其魂。帝制自为，有法必诛。卓焚其脐，炀斫其颅。时日曷丧，天人共怒。海内汹汹，维一人故。重足侧目，湮郁待宣，奕奕南疆，为天下先"。（曾业英编：《蔡锷集》第1270页）

誓师毕，蔡锷率赵又新、顾品珍两梯团（即第一军第二、三梯团），出永宁（今叙永），取泸州，为中路主军。而以"借平土匪为名"先期出发的第一梯团刘云峰所率邓泰中、杨蓁两支队出昭通，取叙府，为左翼军。而第四梯团戴戡所部为右翼军，因独立行动的戴戡又被称为第一军右翼军总司令，率黔军熊其勋一支队，并由殷承瓛率华封歌一支队协助，出松坎，攻綦江，规重庆。于是，川南护国战争全面展开。

面对川南的恶战，袁世凯命张敬尧率部控制泸州外，命驻成都的伍祥祯第四混成旅向叙府开进，并任命伍祥祯为川南镇守使；同时命驻川北顺庆（南充）、绵阳一带的冯玉祥第十六混成旅，结集于内江，向泸州一带警戒布防；命川军第一师周骏由重庆移防泸州，再命在川南"清乡"的川军第二师刘存厚，加强对川滇黔边境永宁一带戒备。为了鼓励其卖命，袁世凯特封四川将军陈宦为"一等侯"，封周骏、刘存厚为"二等男爵"。南北双方的兵力，都指向了川南泸州一线，激战即将爆发。

刘云峰所率邓泰中、杨蓁两支队，经昭通，徒步行军 25 天，于 1916 年 1 月 15 日抵达川滇接壤处之滩头新场地方，而新场及其附近之燕子坡、黄坡耳、捧印村等地，均已有北军或川军（又称汉军，为地方治安军）防守。1 月 17 日护国军向新场、燕子坡一带发动攻击，由于士气高昂，节节进攻，势如破竹，先后占领燕子坡、黄坡耳、凤来场、捧印村等地。18 日，护国军进攻横江镇附近之黄果铺，该处形势险要，工事坚固。敌约有一个混成团又两个营的兵力扼守，但在护国军的打击下迅速崩溃，敌军退入横江镇。护国军乘胜直追，敌军慌忙放弃横江镇，逃往金沙江北岸的安边镇，当日占领横江镇。从俘虏口中得知，陈宦所派四川汉军统领张振鸿，在失去横江镇以后，瘫软在阵地上，喃喃自语地说："抵不住，我就死在这个地点。"最后被随从人员连拉带拖扶持下了山坡。在 18 日这一天战斗中，护国军以伤亡 20 余人的代价，击毙敌军官兵 100 多人，俘虏数十人，缴获大炮 2 门，机枪 4 挺，枪械、物资两船。护国军向四川挺进，初战告捷。

19 日，护国军攻占安边镇。安边在横江和金沙江汇合口的北面，东距川南重镇叙府仅 22 公里，是叙府的门户。20 日，护国军渡过金沙江，进至柏溪，向叙府推进。守卫叙府的北军伍祥祯在安边遭到沉重打击后，队伍溃散，已失去战斗力，不得已放弃叙府城继续北逃，叙府城的官、绅、商、学各界，汉军统领及市民群众代表，出城欢迎护国军。1 月 21 日晚 10 时，护国第一军第一梯团浩浩荡荡地开进了叙府城。这样，川南重镇叙府为护国军占领。护国军挺进四川的战斗，取得了第一个重大胜利。

护国军首战告捷的消息，迅速传遍全国，大大鼓舞了全国人民的反袁斗志。据中华革命党上海出版的《民国日报》载，香港电讯："滇军在叙州大捷，已于昨天（21日）整队入城，该处袁军全数溃散。"东方社23日北京电："压迫四川军于金沙江北岸安边之云南军，于二十一日，将叙府确实占领。"路透社24日北京电，"革命军已确占叙州。成都来电称，伍祥祯将军闻在叙州北面三十英里。"又刊"成都近讯"称，"老鸦滩一战，北军大败，死一千人一语，街谈巷议，莫不欣欣然有喜色。民军大占优势之说，为一般人所公认。阖城人民，无不表欢迎态度也。"（《民国日报》1916年1月24、25日）

对于北军在叙府失利，袁世凯大为震惊，敌军指挥部陷入一片慌乱之中。北军旅长冯玉祥回忆说："这时的指挥系统极其紊乱。北京统率办事处和参谋部、成都陈将军、陕西陆将军、重庆曹总司令，各方面都不断给我命令，命令各不相同。陈将军来电叫我守自流井，统率办事处的电报叫我赶紧收复叙府，陕西陆将军的电报又叫我固守泸州。自我带兵以来，指挥系统再没有比这时再复杂再紊乱了。我一天到晚连续不断接到各方面几十道不同的电令，弄得头昏眼花，不知听谁的才行。"（冯玉祥：《我的生活》上册第215页，黑龙江人民出版社1981年版）

袁世凯震怒之余，下令撤掉伍祥祯的川南镇守使职务，要他"戴罪立功"。伍祥祯搜罗败兵，稍事整补之后，集中了三四千人，从自流井方向出动，向叙府反扑。

四川将军陈宧悬赏50万元，调兵四路图叙。从自流井方向之来敌与护国军缴战于斗岩、白沙场等地，阵地弹壳，堆积寸余，死伤甚众。而邓泰中、杨蓁两支队奋勇冲杀，敌军不支，分向自流井、南溪溃退。继由朱登五所统巡防军分由屏山、牯舌片、凉水井进攻叙府城；又集川军两营、北军六连攻宗场；北军一团，加上陈宧所率两营由犍为方面增援牛喜场，皆为护国军所击溃。陈宧四路规叙计划遂告失败。但是护国军损失也很大，仅白沙场一战，护国军即阵亡200余人，伤数百人，第一梯团作战兵力已不到昆明出发时的一半了。可见，战斗是激烈的。

但是，战场形势这时又发生了新的变化。护国军第一军第一梯团刚刚结束叙府保卫战时，蔡锷所率护国军第一军第二、三梯团，已经进入泸州、纳溪前线战场，战斗十分激烈，第二、三梯团兵力不足，难以招架和应付。蔡锷乃电令第一梯团分兵支援泸、纳战场。第一梯团为顾全大局，先将李文汉营（第一支队第一营）和刘发良营（原昭通独立营，属第五支队）调往纳溪战场；后又将金汉鼎营（第二支队第二营）和马鑫培营（第一支队第二营）调往纳溪。这样，第一梯团二个支队四个营。加上昭通独立营，共五个营，先后调出四个营后，仅留下田钟谷一个营（第二支队第一营）在叙府。北军总司令曹锟、四川将军陈宧乘叙府空虚之际，督令冯玉祥、伍祥祯两旅反攻叙府。

这时，护国军田钟谷营，加上新增援的一个工兵连和留在叙府的炮兵连，能作战的兵员仅二三百人，面对北军两个旅3000余人的反攻，处境相当困难，被迫后撤。刘国威所率工兵连奉命掩护。工兵连多为退伍老兵，但作战勇敢，对敌进行顽强抵抗，为田钟谷的撤退起了保护作用，然而结果该连伤亡殆尽，刘国威亦阵亡。田钟谷营退往横江，以掩护滇边，牵制叙敌。

在这种敌我力量悬殊甚大的情况下，冯玉祥旅及伍祥祯旅的一个团，经过两天的激战，付出了重大代价，伤亡官兵百余人后，乃于3月2日进占叙府城。袁世凯一时又头脑发热，立即下令嘉奖，特封冯玉祥为"三等男爵"。

当时，护国第一军第一梯团只剩下一个营，不仅无力守卫叙府，且后方空虚，冯玉祥军处于绝对优势。他不仅有力量继续追击护国军第一梯团，且可以长驱直入云南，或移兵南下抄袭护国军纳溪阵地的后方。但是，冯玉祥此时思想发生了变化，他参与镇压护国军过程中，眼见全国形势的变化，反对袁世凯帝制自为运动日益高涨，遂采取骑墙态度，进行观望，并派人与蔡锷暗中联系。所以在占领叙府后，冯玉祥即不再前进。曹锟、张敬尧催他乘胜前进，追击滇军。他却回电说："官兵病者太多，故暂作休息。"陈宧亦来电催询，他干脆回答说："官兵不但身上有病，心里亦人人有病，务请速作主张。"（冯玉祥：《我的生活》上册第224—225页）因此，叙城附近南北两军实际上进入了休战状态，双方都采取了守势。

不久，冯得到陕西将军陆建章的告急电，遂以此为由，立即率部离开叙府北移。后虽得知不必再回陕援陆了，他仍将部队开往成都，和同情护国军的刘一清（陈宧的参谋处长）一道，规劝陈宧独立反袁。

护国军叙府的攻守战，是一场艰巨的战斗，军事意义重大，而政治影响更大，它对护国战争的进程的影响也是很明显的。

三、蔡锷挥军，激战泸州

蔡锷亲率赵又新、顾品珍两梯团为中路主军，于1916年1月14日由昆明出发；董鸿勋支队为中路先锋，先于1月10日由昆明出发，朱德支队则稍迟于1月28日才离开昆明。护国军出师有严格的军纪和军风，要求"一律严守军纪，保持秩序，勿失严整"；不得"乱入人家"；"休息场所必定大小便之地点，勿许任意污染，有妨卫生"；"购买需要公平，不得依势估压"；若遇战斗，"官长须要身先士卒，为部下之表率"等。（庚恩旸：《云南首义拥护共和始末记》上册第28—33页）这些要求和规定是细致的，执行是严格的。正义的军队，加上良好的军纪，因而护国军的出师，从云南到四川，受到人民群众"箪食而迎"，得到沿途居民的热烈欢迎。

蔡锷率师入川，夜渡赤水河，到达川黔边界的雪山关，时朝暾初上，豪情横溢，遂与第六支队长朱德交换意见，经 20 分钟的商议推敲，撰写了一副气势磅礴的佳联。后人将此佳联刻于雪山关口小庙石柱上，其文如下：

是南来第一雄关，只有天在上头，许壮士生还，将军夜渡；

作西蜀千年屏障，会当秋登绝顶，看滇池月小，黔岭云低。

（《人民政协报》2005 年 2 月 5 日）

蔡锷率军进入川境以后，连续发布了《入川告示》、《谕四川同胞文》、《饬四川各地方官吏应严拒伪命效忠民国文》、《饬各属人民惩敌效国文》、《饬各属部队不得虐待俘虏文》、《布告袁军在川罪行电》等十多个文告，宣传护国宗旨，稳定地方，争取民心，起了重要作用。其中，《入川告示二》是这样写的：

照得中华民国，人民铁血铸成。

暨今已有五载，国体何容复更。

袁逆背叛约法，妄想帝制自尊。

本军起义讨贼，扶持共和不倾。

告我蜀中父老，以及各界民人。

军士皆守纪律，闾阎鸡犬不惊。

四民各安生业，买卖务须公平。

切勿谣诼生事，有碍义军进行。

地方大小长官，勿得畏避逡巡。

照旧供职唯谨，保护地方安宁。

倘能闻风响应，本军勿任欢迎。

设有土匪滋事，拿获即正典刑。

兴亡匹夫有责，勿愧共和国民。

逆党如能效顺，一律咸与维新。

特此通令布告，其各一体凛遵。

（曾业英编：《蔡锷集》第 1291 页）

　　还在云南宣布起义前夕，蔡锷于 1915 年 12 月 23 日致电驻扎川南的川军第二师师长刘存厚，向他通报，滇省日内起义，与袁宣战，希望他速作准备，克日发动，尽快响应。这是因为刘存厚在辛亥时期，曾参与辛亥云南起义，与蔡锷有相当的交谊。1916 年 1 月 26 日，护国军中路前锋董鸿勋支队抵达贵州毕节时，刘存厚先后派杨必慎、李良材等到毕节，与护国军联络，告以刘存厚准备响应护国起义。双方秘密商定了起义办法，待护国军进入川境，两军假作对垒，刘军诈败而退，护国军即步步尾追，迫抵泸州，则两军合一，直捣泸州城。于是，董鸿勋所率护国第一军第三支队兼程前进，1 月 29 日抵达川、滇、黔三省接界的赤水河，31 日到达四川永宁（叙永），2 月 4 日抵达泸州隔长江以南的纳溪县城。其时，刘存厚与护国军联络的消息已经走漏，因此，刘存厚与护国军配合夺取泸州的计划已经败露，乃不得已于 1 月 31 日，以"中华民国护国川军总司令"名义，在纳溪宣布反袁起义，发表讨袁通电，指出"袁氏不道，悖戾民彝"，"历数袁世凯"妨功害能，殄民败国，综其昏暴，罄竹难宣"的罪行，决定"联合滇黔，挥旌此伐"。（《护国文献》下册，第 752—753 页）

　　而在刘存厚起义前几天，贵州于 1916 年 1 月 17 日宣布反袁独立，推举刘显世出任都督，发布讨袁檄文，历数袁世凯罪行以后，表示"敢声其罪，与从讨之"。檄文希望全国各界人士一致奋起，抒发民愤，共讨国贼。

（《贵州公报》1916年1月29日）随即组织护国军东路支队，以王文华为司令，出兵湘西；又与戴戡所率护国军合组成护国右翼军，以戴戡为司令，向川东出击。贵州独立与川南刘存厚的起义，稳定了云南的外围，巩固了云南的基地，鼓舞了护国军的士气，推动了反袁斗争的进一步发展。贵州在起义后，还拨款5万元，援助蔡锷在川的部队。其时，蔡锷在川南作战，饷项紧缺，乞讨无效，得到贵州的接济，使蔡锷很受感动，他说："如周（刘显世）竟推食食我，此情实可感激。"（曾业英编：《蔡锷集》第1307页）

蔡锷到达永宁后，默察军情，根据变化的形势，提出了新的作战方案。他认为，袁世凯最精锐之第七、八两师，都驻于泸州、纳溪一线。如果，我们在此取守势，牵制其主力，而以重兵进攻綦江、重庆，可能更为有利。这就是说，要改变原来护国第一军三路出兵、主攻泸州的作战方案，而加强右翼的力量，改以綦江方面为主攻，抄袭重庆。当时，护国军中路正面的泸州，已集中张敬尧一师、吴佩孚一旅和川军熊祥生旅，总兵力15000人，装备齐全，战斗力较强。而蔡锷中路主军，出发时仅3130人，刘存厚师约1500人，加上川边义勇军张煦支队约900人，不过5000人而已，仅及泸州北军的1/3。而綦江方面，此时北军只有李炳之一旅和齐燮元一旅约7000人，而护国军戴戡一梯团、黄毓成挺进军及刘显世黔军一部也达到8000人左右，兵力略居优势。因此，突袭綦江、进窥重庆的方案是可取的，但要计划变更，当时的条件也有困难，因而这个方案只是设想，并未付诸实行。

2月4日，董鸿勋支队到达纳溪，与刘存厚部会合，决定共同进攻泸州。泸州地处沱江流入长江的汇合口，上连叙府，下扼重庆，是由川通往滇、黔的交通要冲，为川南第一重镇。但是，泸州城北枕沱江，南临长江，东距两江汇合口不远，西有险隘龙透关，形势险要，易守难攻。董、刘两部攻取泸州，决定由西、南两路分进合击，先夺泸州南市区兰田坝、月亮岩。月亮岩雄踞长江一侧，地势高峻，在上面配备炮兵可居高临下，俯击泸州。

2月7日，董鸿勋将已夺取之兰田坝、月亮岩交刘存厚部团长陈礼门驻守，自己率兵两营从长江下游泰安场渡江，攻击泸州侧背。2月9日，董鸿勋部攻占了罗汉场，迫使敌军退至小市。董部逼近小市，隔着沱江，和仅距数百米的泸州城守敌对峙，泸州城指日可下。川军第一师师长周骏、旅长熊祥生，不断告急，于是，北军曹锟、张敬尧师，李炳之旅各一部，紧急向泸州移动。

2月9日，熊祥生旅一面死守泸城，一面用重金奖赏两个连组成敢死队，穿上便衣，身藏武器，并强迫一些妇女夹杂其中，趁傍晚天色昏暗之际，在兰田坝沙湾渡口佯称难民渡江避难。陈礼门部沙湾守备队长田伯施受敌欺骗，放行渡江。敌人敢死队登岸后，突袭月亮岩，陈礼门守军猝不及防，相率退却，后虽奋力反击，但伤亡惨重，未获进展。陈礼门激于强烈的责任感，羞愤自戕。董鸿勋闻月亮岩失守，孤军深入，恐遭不测，乃退回纳溪，刘存厚军退往江安。2月12日，泸州敌人已无后顾之忧，遂倾巢出动，渡江进攻，将刘、董两部包围在纳溪安富街一带，情势危急。2月13日晚，何海清支队赶到纳溪，立即投入战斗。蔡锷又电令叙城的护国军第一军第一梯团，支援泸州、纳溪，第一梯团为顾全大局，遂先后抽出四个营的兵力支援。随后，禄国藩、朱德两支队也赶到了纳溪前线。于是，护国军攻泸之役变成了保卫纳溪的战斗。

纳溪县城，在泸州西南约20公里处，地当永宁河向北流入长江的汇合口，北临长江，东北面为通往泸州的大道。因而，争夺纳溪，对于攻占泸州有着重要意义。2月15日前后，双方在双合场的激战，是护国军在泸、纳之战中一场艰险的恶战。北军以步兵两旅两团，加上炮兵等兵力，对纳溪发动钳形攻势，其正面逼近城东的棉花坡，其侧面迂回到了纳溪城西的冠山，形成了对纳溪城的前后包围。护国军调回东向兰田坝的主力何海清等兵力，三面围攻敌军，把敌从冠山、双合场等地打了回去，大量杀伤敌人，使其十个营长，"九死一生"，旅团长亦狼狈受伤。护国军在双合场激战的胜利挽救了危机，保住了以纳溪为中心的主要阵地。

四、坚守棉花坡，激战匝月

朱德支队到达纳溪后，即被派往纳溪城东面的棉花坡（又名莲花坡）增援，并同时委以因作战失利而免职的董鸿勋所遗第三支队的指挥任务，朱德成了第三支队长，而其所遗第六支队由王秉钧指挥。

棉花坡是纳溪城东一系列山冈中的制高点，距纳溪城约5公里，是纳溪通往泸州的大道必经之地，也是泸纳之间军事攻防的必争之地。2月16日以后，敌我两军在泸州纳溪之间，形成了以棉花坡为中心的拉锯战。护国战争史上的棉花坡之战，几乎与护国战争相始终。朱德支队奉命坚守棉花坡，顽强战斗，英勇不屈，成为鏖战棉花坡的英雄支队。

棉花坡战役是护国军攻泸保纳战事中最重要的阶段。蔡锷指出，这是因为，第一，此阶段时间最长，近一个月之久，影响全国各地最久。第二，此阶段敌我战斗阵地，我军居于不败之地位，所起号召作用最大。第三，敌人顿挫于我阵地面前，损耗也最大。（邹若衡：《云南护国战争亲历记》，《云南文史资料选辑》第10辑第155页）朱德支队控制棉花坡后，北军依仗械多弹足，昼夜不停地向护国军阵地猛轰，山上的松林大半被击倒，毁落的松针达数寸之厚。棉花坡战斗是护国战争的缩影，护国军官兵表现了为正义而战的大无畏精神。

为了打破北军的进攻，2月19日，蔡锷指挥全军分三路向敌军反击。第一路，由禄国藩支队一个营，由黄土坡向兰田坝进攻；第二路朱德支队两个营，由棉花坡向菱角塘进攻；第三路，何海清支队两个营由永宁河右岸向双河场进攻。刘存厚部担任纳溪城内外及其附近市街之警戒和掩护，并渡江对龙透关急作佯攻。经过三天激战，菱角塘方面的敌人被击溃，北军伤亡惨重，不得已退回原有阵地。然而，总的说来，敌人兵力仍占优势，张敬尧第七师又源源开到泸州，护国军本身伤亡严重，曹之骅、雷淦光两营长相继阵亡，又缺少后方支援。鉴于以上情况，蔡锷乃命令从2月22日起，暂取守势，休整队伍，待机反攻。

2月23日，蔡锷不顾自己身体虚弱，带病从设在永宁的总司令部驰赴纳溪前线，直接指挥战斗，与士卒共甘苦。蔡锷到达纳溪后，与总参谋长罗佩金同住城内指挥部，日夜筹划，准备反攻。反攻前夕，蔡锷身着士兵服，巡视战线，顾品珍、赵又新两梯团长及卫士数人陪同前往。午间经过朝阳观敌阵地前，敌我各据一高地，其间是水田。蔡锷等沿田埂过水田，行进间被敌人发现，敌机枪猛烈扫射，弹如雨集。顾品珍身体轻捷，与军士二人急速跑进安全区。赵又新身体肥笨，率军士数人回头退走。走在中间的蔡锷及其余卫士，由田埂滚入水田隐蔽。水田中一军士见顾品珍已进入安全区，乃上岸沿顾品珍走过的路线上跑，不幸中弹，弹穿两颊，打断舌头。蔡锷不得已在水深及胸部的水田里躲至天黑，才爬上田埂，回纳溪指挥部。这是冒险，却对蔡锷掌握战斗最前线的情况很有帮助。

经过几天的休整和部署，蔡锷命令从2月28日起发动反攻。这次反攻的主攻部队是何海清支队，朱德、王秉钧支队和刘存厚部为助攻部队。何支队从侧面攻击敌军阵地据点之石色沟、七块田等处；助攻部队从正面掩护何支队前进。蔡锷在命令中强调，本司令与刘总司令（刘存厚）所部编成督战队，在战线后方督战，凡无命令后退者，立即就地枪毙。

反攻开始以后，激战连续进行了几天几夜，随后的战斗一直延续到3月上旬。战斗在江安到兰田坝的广阔地区展开，绵亘20余里。朱德在回忆这一段战斗历程时说，此时的川南几乎全部化为战场，一连打了45个日日夜夜，毫无间歇。叙府得而复失，纳溪三易其手。蔡锷后来也说，川南最激烈的三个星期之剧战，"实吾国有枪炮后之第一战也"。（庾恩旸：《云南首义拥护共和始末记》下册第10页）

　　然而由于战争旷日持久，部队疲劳太甚，而且敌人源源不断增加，我军则无援军可调，加之军需、弹药告匮，反攻未能取得根本性进展。蔡锷在当时的有关函电中，就多次说明："所难者枪支多破损，未能克日修理；衣服褴褛，未能换给；弹药未能悉加补充，而饷项已罄，乞灵无效。"又说，炮弹现只存200发，枪弹除原领者悉数用罄外，纵列弹药亦耗三分之一，各部纷纷告急。所最苦者，弹药未能如时到手，每难收战胜之效。老兵伤亡，无已练之兵补充，致战斗力减弱。（曾业英编：《蔡锷集》第1307、1325页）由于种种困难，在刘存厚、罗佩金等人坚持下，蔡锷下令于3月7日凌晨，分左、右、中三路撤出纳溪，蔡锷总司令部行撤至永宁大渊驿。

　　关于撤出的经过，蔡锷曾感叹地回顾说："弟一意主积极，而罗佩金、刘存厚则深以子弹不给，士气不扬，疲劳太甚为虑，非暂退不足以全师；议节节防守，俟子弹续到，元气稍固，再行进取。弟期期以为不可，退却之命，缮定不发者屡日，既发复予迁延一日，乃各方面煎迫多端，遂不得不以退为进矣。熬不过最后之五分钟，曷胜扼腕。"（曾业编：《蔡锷集》第1305页）此次撤退，并非溃退，而是有计划有组织的撤退。在撤退过程中，秩序井然。梁启超对此亦曾评论道："我军最危险时期，松公（蔡锷，字松坡）屈于部曲之议，乃暂退。书中所谓熬不过最后之五分钟，曷胜扼腕也。退后，松公煦抚其士卒，使朝气复苏。越三日，乃为沉痛的演说，誓必以死，人人感奋，后此能转败为胜在此。惟能败者，乃为名将，信然。"（梁启超在蔡锷《致李曰垓何国钧函》上的签注）

以棉花坡为中心的纳溪保卫战，鏖战经月，日眠食于风雨之中，出入乎生死以外，总计伤亡及失踪不下千人；而敌军则死伤三四千人。作为总司令的蔡锷虽身患重病，却始终坚持战斗，平均每日睡眠不足三个钟头，吃的也很粗糙，饭是一半米一半沙硬吞。在艰苦的日子里，尽管敌我力量悬殊很大，护国军人数有限，武器弹药不足，以劳攻逸，地势不利，但是正如蔡锷所说："幸士气坚定，上下一心，虽伤亡颇重，昼夜不得安息，风餐露宿不为所阻。"（曾业英编：《蔡锷集》第 1289 页）"士气百倍，无不一以当十"。（《蔡松坡家书》，《近代史资料》1963 年第 4 期）所以虽然我军"屡濒于危，皆能绝处逢生"。（《蔡锷致唐继尧等电》，《湖南历史资料》1980 年第 1 期）

石陶钧亦曾回忆说："我军苦战纳溪城东棉花坡一带，阵地昼夜不得更代，给养不及半具，子弹不以时至，其疲惫之度殆已无可拟语。赖以支持者，精神之奋兴耳。一旦背进，衰竭之实力，遂不可讳。部将忧之，图减正面兵力以谋专守，但松公以为循此现状，即专守亦无可言，非先作我士气不可！乃遍历行间，耳提面命，以血泪申大义，以军法励怯懦，竭移山填海之力，矢有进无退之心，将此仅存之三一三〇人，人人灌以一绝而后苏之兴奋剂，则以一己精神力平均分配其几许于其所部之人人。"石陶钧叹服地说："此时直谓全军佐胜之具，确已不在枪械子弹之属，而直接取效于松公一身之举动焉可也！陶钧经历战役屡矣，此实平生仅见。"（蔡端：《蔡锷史实三则补正》，《云南政协报》1999 年 12 月 2 日）

蔡锷在艰苦作战中的乐观主义精神和必胜的信念，对于部队起了重要激励作用。这在他入川后写的两首诗中，也得到了反映。

蜀道崎岖也可行，人心奸险最难平。

挥刀杀贼男儿事，指日观兵白帝城。

绝壁荒山二月寒，风尖如刃月如丸。

军中夜半披衣起，热血填胸睡不安。

（曾业英编：《蔡锷集》第 1302—1303 页）

五、反攻大捷，袁氏皇帝梦破产

北军围攻纳溪县城，将近一月未下，直到护国军转移之后，才进占纳溪县城。北军虽进了纳溪，但慑于护国军的威力，不敢追击，只在纳溪、双合场、双乐场（牛背石）一线构筑工事，防御护国军反攻。而这一线，距护国军退守大洲驿、叙蓬溪阵线只有 20 多公里。

护国岩

蔡锷退驻大洲驿后，将司令部设于大洲驿旁永宁河的一条大船上。当时认为，蔡菜同音，把司令部设于纳溪，靠近泸州，而泸与炉同音，菜纳于炉，自然煮烂。将司令部设于船上，菜适宜于养在水里，取其吉祥。此时蔡锷的病确已日益加重，他在家书中写道："予近日来颇为病所苦，两星期内喉病加剧，至不能发音。每至夜中，喉间痒痛，随而大咳。此病起至去冬，因国事奔驰，迁延未治，遂至缠绵。"（《蔡松坡家书》，《近代史资料》1963 年第 4 期）这就需要一个相对安静的环境，以便治疗、休养，但又不能距前线太远，以便于指挥，故司令部设于永宁河的一条大船上。而阳春三月河水也比较平静。

蔡锷住在大洲驿旁永宁河的大船上，后来就是从这里发出总反攻的命令，从而取得护国战争的胜利的。为了纪念这个地方，蔡锷曾勒铭于永宁河畔的岩石上，后加序，亦刻于岩石上。直到今天，护国岩铭及序的石刻，仍保留完好，供人们瞻仰。它事实上成了护国战争的一座丰碑。岩铭及序文如下：

> 中华民国四年，前总统袁世凯叛国称帝，国人恶之。滇始兴师致讨，是曰：护国军。锷实董率之。逾年师次蜀南，与袁军遇与纳溪。血战弥月，还师大洲驿，盖将休兵以图再举。乃未几而粤桂应，而帝制废，而袁死，而民国复矣。嗟乎，袁固一世之雄也，挟薰天之势，以谋窃国，师武臣力，卒毙于护国军一击之余。余与二三子军书之暇，一叶扁舟，日客与乎兹岩之下，江山如故，顿阅兴亡，乃叹诈力之不足恃，而公理之可信，此岂非天哉！世或以踣袁为由吾护国军。护国军何有？吾以归之于天，天不得而名，吾以名兹岩云尔。

> 蔡锷题，殷承瓛书，民国五年七月勒石铭曰：

护国之要，惟铁与血。

精诚所至，金石为裂。

嗟彼袁逆，炎隆耀赫。

曾几何时，光沉响绝。

天厌凶残，人诛秽德。

叙泸之役，鬼泣神号。

出奇制胜，士勇兵饶。

鏖战匝月，逆锋大挠。

河山永定，凯歌声高。

勒铭危石，以励同袍。

蔡锷为了纪念这个地方，将永宁河畔的石岩，命名为"护国岩"，手书"护国岩"三个大字，刻于护国铭及序文之上，颇为醒目。（《护国岩铭并序》，曾业英编：《蔡锷集》第1446页）

当蔡锷于1915年12月初离开天津之后，梁启超亦随即南下，于12月18日到达上海，比蔡锷到昆明早一日。梁启超到上海后，忙于搜集各方面情报，与护国军互通声气，还企图运动南京的冯国璋，争取他同情或赞助护国军，以减轻北军对护国军的压力。在护国战争的艰苦日子里，梁启超与蔡锷之间虽隔千山万水，仍时有密电往还。蔡锷收到梁启超的电报，每次常有二三千言之多，指陈方略颇详，这对蔡锷自然有很大的鼓励。他还向蔡锷建议，将自筹安会以来北京关于选举、推戴各项事宜，唆使之密电，全分录出，交给相关报刊发表，以揭露帝制丑剧的真相，争取国内外更多的支持。1916年1月，云南都督府果将袁世凯帝制活动的有关密电，全文收录，汇集编印成册，取名《民意征实录》，由云南政报发行所编印，广为散发，有力地揭露了袁氏帝制活动的黑暗内幕。

民意征实录

1916年2、3月间，蔡锷指挥护国军与北军在川南进行激战，处境相当困难之际，梁启超积极策动广西起义，以减轻北军对四川护国军的压力，鼓舞护国军的士气。梁启超从上海去函广西将军陆荣廷，力劝他消除顾虑，从大局着眼，立即起义。陆荣廷迫于形势，同意尽快起义，但是他希望梁启超去广西。只要梁到广西，他就立即宣布广西起义，早上到，晚上发表；晚上到，（次日）早上发表起义文告。梁启超乃于1916年3月14日秘密离开上海，踏上了去广西的艰苦旅途，经香港，赴越南，转广西，途中颇为曲折。3月14日，梁启超的密友汤觉顿先到南宁，向陆荣廷报告梁已在途中，即将到达。第二天，即3月15日，陆荣廷在柳州行营，以陆荣廷、梁启超二人名义，发出正式通电，宣布广西独立，声讨袁世凯说："在职四年，秕政百出，神人冤愤，罪已贯盈，更怀野心，妄觊神器。""负困怙恶，终已不悛。大憝不除，荼毒何极。"（《广西致各省通电》，《饮冰室合集·文集之三十三》第6—7页）陆荣廷以广西都督名义兼两广护国军总司令，任命梁启超为总参谋。

广西反袁独立，影响很大。其时，川南护国军打得激烈而艰苦；在云南后方的滇桂边境还有袁世凯指派的"云南查办使"龙觐光所率逆军的窜扰。除贵州和川军刘存厚外，其余各省区都尚未发动，护国军的处境相当艰难。就在这样的紧张时刻，广西宣告独立反袁，使在川南、湘西和滇桂边境艰苦作战的护国军，深受鼓舞，有力地瓦解了北军的士气。这样，滇黔桂连成一片，护国战争从云南开始的星星之火，已成燎原之势。

经过一番短期休整后，蔡锷决定组织总反攻。就在广西宣告独立反袁的3月15日这一天，蔡连续发出七道命令，要求在3月17日进行总反攻。为此，蔡锷于3月15日在大洲驿总司令部召见了担负着右路主攻任务的第三支队支队长朱德，面授机宜说："逆军极无攻击精神，我军对其正面只宜配布少数之兵力，而以主力冲其侧背，彼自溃走，宜切谕诸将领，务多留预备队在指挥官之掌握，俾便运用。"（《护国第二梯团战斗详报》，《护国文献》下册第557—558页）并命令朱德，率所部即于明晨（3月16日晨）开拔，前赴白节滩受赵又新梯团长指挥。朱德心领神会，立即行动。

蔡锷又在给顾品珍梯团长等人的命令中，交代护国军分三路向北军反攻，中路为顾品珍梯团，其任务是占领茶塘子高地以威胁鹧子岩之敌。左路为何海清支队和刘存厚部，由何支队进驻和丰场一线，警戒顾品珍左侧。刘部进驻牛滚场一带，威胁江安之敌。右路是这次反攻的主力，由白节滩向牛背石、纳溪前进，以扫清长江南岸之敌为目的，参战部队是赵又新梯团的金汉鼎、朱德两支队和义勇军张煦、廖月疆支队，蔡锷批示：攻坚是不容易的，徒挫锐气，北军如有防御工事，务必从其侧背击之。此着虽属冒险，然对于顽于守、钝于攻之北军，施行此种战术，应该是没有妨碍的。

护国第一军主力，在蔡锷的指挥下，从 3 月 17 日开始发动总反攻，扫清了前进的道路。18 日起发动猛攻。此时的敌军在广西独立和全国反袁声势继续高涨的形势威慑下，已经丧失斗志，不断溃退。19 日，护国军突破北军的全线阵地，连战皆捷。朱德支队更是长驱百里，像尖刀一样直插张敬尧的大本营泸州，其先头部队已进至距泸州仅十余里的南寿山附近。护国军连连拿下江安、南溪等地，重新夺回纳溪。蔡锷在一封电报中也说："我军自十七日攻击开始，连日激战，大获胜利。二十日本道方面夜袭成功后，逐次穷追，杀伤逆敌共约五百余人，夺获山炮三门，机关枪四挺，子弹百余箱，饷银粮秣等数船，又虏获总兵站长陈庆周一员。现敌已弃纳溪，据双河场、棉花坡一带险要固守。"（曾业英编：《蔡锷集》第1327—1328 页）

护国军此次取得重大胜利的原因，还与北军军纪不良，官兵腐败有关。据蔡锷亲自观察，北兵在川，奸淫掳掠，无恶不作。仅据目睹而言。北军败后，民间被褥、妇女衣裤，狼籍满地。每见一北兵，戒指手镯，辉煌满手，非男非女，怪状难名。每至围攻紧急，或溃退时，常纵火烧毁民居，几成定例。而我军所至，人民舞蹈欢迎，逃匿妇孺，相率还家，市廛贸易骤盛。甚至火线以内，常有人民携榼馈食。两相对比。人心所向，北军没有不败之理。故有俘虏口供说："天时地利人和，都为滇军占尽，北军万无全胜之理。"（曾业英编：《蔡锷集》第 1329 页）

不过，此时护国军各路兵力有限，弹药缺乏，补充不及，终未能攻破泸州敌人的防线。蔡锷眼见战局僵持，恐敌抄袭后路，遂于 3 月 24 日下令进攻之各路军撤出战斗，退到出发地仍取守势。经过此次战斗，北军之第七师和第六师之第六旅，被视为袁世凯北洋军之"常胜军"，与我交战后，死伤大半，已丧失进攻能力，惟伏居战壕，不敢越雷池一步。即使是新开来的北洋第八师，亦闻风丧胆，不敢轻举妄动。张敬尧之第七师，官兵死亡殆尽，营长活着的未受伤的仅剩下一人，师长张敬尧感叹道："我自当排长起，现在已到师长兼总指挥，未离开过二十五团。你们那一顿刺刀搠死我七八百人，全师共死二三千人，我的精锐消耗殆尽，我还打什么？"（刘云峰：《护国军纪要》，《云南文史资料选辑》第 10 辑第 97 页）张敬尧在这种情况下只得同意与护国军停战议和，川南战争遂成相持、胶着状态。

右翼军总司令戴戡，率部于 2 月 2 日从贵阳出发，13 日抵松坡，14 日开始入川向綦江方向进攻。而"云南查办使"龙觐光，于 2 月 8 日乘川南战争紧张之际，率部入寇滇南，经过短期的交战，为护国军所粉碎。此外，护国军在湖南战场亦取得了重大胜利。各条战线，总的讲，都对护国军是很有利的。

云南起义后，全国形势急转直下，袁世凯处于进退维谷、内外交困之中，先是不敢于 1916 年元旦登基，后又于 1916 年 2 月 23 日下令延缓登基。但袁世凯迷信武力，企图利用军力优势，进行军事赌博，妄图扭转局势。3 月 2 日，冯玉祥进占叙府后，袁世凯特晋封冯玉祥为"三等男爵"。3 月 7 日，张敬尧报称，他的部队占领了纳溪，袁氏又特晋张敬尧勋三位，加陆军上将衔。旅长熊祥生、吴佩孚、吴新田均晋升陆军中将。四川将军陈宧于 3 月 10 日向袁世凯奏报，四川汉军统领杨起元率一支汉军，从会理南下，由姜铎渡过金沙江，已进入滇境，袁世凯不明实情，又授杨起元勋五位。又报，粤军龙觐光进入桂滇边境，北洋六师一部收了湘西麻阳，袁世凯更为表面胜利冲昏头脑，特派熊希龄为湘西宣慰使、曾鉴为川南宣慰使，各携带财政部所拨 5 万元和袁世凯个人赠款 1 万元，前往湖南、四川等地慰问北军。这些宣慰使尚未到达宣慰地址，形势又发生了变化。

3月15日广西宣布独立，对袁世凯又是一个晴天霹雳。3月17日，蔡锷命令护国军在川南发动大反攻，袁军溃退，更使袁世凯目瞪口呆了。袁世凯密令四川将军陈宧、北军第七师师长张敬尧等与蔡锷谈判停战。双方经过谈判协商，决定从3月31日起停战一星期，停战期满后，双方又两次协议，各延长停战一个月，这就一直延长到6月6日袁世凯去世。这样，从3月下旬开始，川南战争在事实上已经停止了。虽然，川南战斗中，护国军没有在军事上完全达到目的，但在政治上却赢得了胜利。

眼见袁世凯的江山摇摇欲坠，帝国主义各国逐步改变了对袁世凯帝制自为的支持态度。日本、英、沙俄、法、意大利等国多次向袁世凯政府提出警告，甚至决定对袁政府"执监视之态度"。加上北洋军阀内部分崩离析，袁世凯的左右手段祺瑞、冯国璋以及北洋派元老徐世昌等都对袁氏帝制自为持消极态度，甚至暗中反对。这种内外交困的局面，使得袁世凯惶恐不安，不敢登基。登基日期，一再延缓。3月中旬，继广西独立之后，蔡锷川南反攻又取得了重大胜利，虽然未突破泸州防线，却使北军遭受惨重伤亡，它标志着袁世凯武力镇压、军事围剿的破产。

袁世凯无可奈何，亲笔专函请徐世昌、段祺瑞、黎元洪等看在老朋友的面上，务必参加公府会议，共同商议挽救之策。会议于3月21日举行，这些"老朋友"碍于情面，来参加了会议，但与会者心情沉重，面面相觑，无言以对，莫展一筹。袁世凯明确交代，帝制是否取消，请各抒己见，不打鞭子，不戴帽子，可是大家仍俯首无言。袁世凯不得已，自己率先提出取消帝制的意见，徐世昌、段祺瑞才表示了同意取消帝制的意见。会议开得冷冷清清、凄凄惨惨。

袁世凯不得已于1916后3月22日正式下令撤消帝制案，由新任国务卿徐世昌副署发表。他把帝制的责任推得一干二净，申令说："民国肇造，变故纷乘，薄德如予，躬膺艰巨，忧国之士，怵于祸至之无日，多主张恢复帝制，以绝争端，而策久安。癸丑（指1913年"二次革命"）以来，言不绝耳。"后来又有"多数人"主张，代行立法院议定，国民大会解决国体，各省区代表一致赞成君主立宪，合词推戴，遂有今日。总之，万方有罪，在予一人。"今承认之案业已撤消，如有扰乱地方，自贻口实，则祸福皆由自召。本大总统有统治全国之责，亦不能坐视沦胥而不顾也"。（白蕉：《袁世凯与中华民国》第330—333页）这个申令，暗藏杀机，它勾销了过去的一切罪行，末了还以"大总统"自称，又以威胁的口吻，要对付"扰乱地方"之人。同时，袁世凯宣布恢复黎元洪的副总统职务。第二天又发布告令，废除"洪宪"年号，仍以1916年为中华民国五年；又复焚毁有关帝制之公文，计800多件。

但他在宣布撤帝制的同时，又暗中急电北洋派各将领，说什么"发还推戴书，系为势所迫，并非根本取消帝制。蔡、唐、陆、梁迫予退位，君等随予多年，恩意不薄，各应激发天良，富贵与共。如予之地位不保，君等身家性命亦将不保"。这说明，袁氏撤消帝制只是缓兵之计，他还在寻找时机，妄图东山再起。

不过，袁世凯尽管是被迫取消帝制，而且还暗藏杀机。但既然宣布撤消，这就标志着袁世凯83天皇帝梦的破灭。洪宪帝制的被取消，复辟帝制阴谋的被粉碎，是中国人民讨袁护国战争取得的重大胜利。蔡锷冒着生命危险，带病投入反袁护国战争，立下的功勋，是不会被人民忘记的。

第十章

病逝日本

一、要袁下台，组织军务院

袁世凯当不成皇帝，却还想把住大总统位置不放。他在宣布撤销帝制令中，已经以"本大总统"的名义发号施令了。"本大总统"这几个字是袁世凯亲自加上去的，是他由皇帝变为总统的点睛传神之笔。

3月25日，袁世凯以黎元洪、徐世昌、段祺瑞三人的名义致电独立各省说："帝制取消，公等目的已达，务望先戢干戈，共图善后。"同时，命令四川将军陈宦与蔡锷商议停战。4月1日，袁世凯又利用黎、徐、段三人名义，向护国军提出议和条件六条：一、滇黔桂三省取消独立；二、三省治安由各该省军民长官维持；三、三省添募新兵一律解散；四、三省战地所有官兵退回原驻地点；五、三省官兵即日不准与北军交战；六、三省各派代表一人来京，筹商善后。这哪里是什么议和条件呢？这是外强中干的袁世凯故作精神，以"战胜者"自居要对方投降的命令，护国军理所当然地拒绝接受。

护国军主要领导人蔡锷、唐继尧等，立即发出通电，不仅不承认袁世凯仍为总统，而且要求对袁世凯进行审判。袁世凯虽然取消帝制，但不能取消其犯罪。电文指出："今日正当办法，惟有三事：一、袁氏即日退位，听候组织特别法庭裁判；二、按照约法，要请副总统黎公继承大总统；三、从速召集袁氏非法解散之国会，重谋建设。"（《为袁逆取消帝制致各省通电》，《会泽首义文牍》上册第39—41页）以上三事，国命所关，护国军领导人一致决心，以求达此目的。蔡锷、唐继尧又连续发数电，回答黎元洪、徐世昌、段祺瑞说，袁若真诚悔过，应立即毅然引退；袁氏不去，局势难以收拾。

梁启超在得知袁世凯撤消帝制消息后，亦致电陆荣廷、汤觉顿及各省都督、总司令等，请勿调和，一定要坚持袁世凯退位的方针，今日之事，除袁世凯退位以外，没有调停之余地。蔡锷又在4月2日致电黎元洪、徐世昌、段祺瑞说："国是飘摇，人心罔定，祸源不清，乱终靡已。默察全国形势，人民心理尚未能为项城（袁世凯）曲谅。凛已往之玄黄乍变，虑日后之覆雨翻云。已失人心难复，既堕之威信难挽。若项城本悲天悯人之怀，为洁身引退之计，国人轸念前劳，感怀大德，馨香崇奉，岂有涯量？"（曾业英编：《蔡锷集》第1343页）为此，护国军方面针对袁氏的六项议和条件，也提出了六项议和条件：一、袁退位后贷其一死，但须逐出国外；二、诛除帝制祸首杨度等十三人，以谢天下；三、大典筹备费及用兵费六千万元，应查抄袁及帝制祸首的财产赔偿；四、袁氏子孙三世均应剥夺公民权；五、依照民元约法，推黎副总统继任大总统；六、除国务员外，所有文武官吏一律照旧供职，但关于军队驻地，须受护国军的指令。

这时，全国各方面人士也表示了非去袁不可的决心。孙中山从日本回到上海，坚决主张把反袁斗争进行到底，他再次发表了《讨袁宣言》，号召全国人民"本其爱国精神，相提携于事实"。团结起来，共同对敌，"袁氏未去，当与国民共任讨贼之事；袁氏既去，当与国民共荷监督之责，决不肯使谋危民国者复生于国内"。（《孙中山全集》第三卷第283—285页）全国阶层人民亦纷纷声讨，形成了对袁世凯强大的舆论攻势。

在全国人民反袁斗争继续高涨的形势下，4月6日，广东将军龙济光为民军所迫，宣布广东独立；4月12日，浙江也宣布独立，推浙江巡按使屈映光为都督，旋改推嘉湖镇守使吕公望为都督。

袁世凯还在作最后挣扎。他于4月22日令准徐世昌辞职，任命段祺瑞为国务卿兼陆军总长。5月8日，又公布修正政府组织法，撤消政事堂，恢复国务院和国务总理名称。他要借段祺瑞未附和帝制的名声，来团结北洋派势力，组织"战时内阁"，准备以武力打开新的局面。同时派人去南京，说服冯国璋支持袁世凯仍保留大总统的地位。

蔡锷注意到形势仍然险恶，而且捉摸不定，为此他要求袁世凯下台的同时，又呼吁继续做好战争的准备，不要对袁世凯抱幻想，以防万一。蔡锷致电唐继尧，要他作好准备，指出袁氏撤消帝制，实是为了"卷土重来"，其狡猾无耻，实堪痛恨。我们既高举了义旗，就要贯彻始终，方肯罢休。目前应当慎重考虑的是：一、我军力量，能否于短时期内速遣援师，将川粤戡定，大举北伐；二、袁既取消帝制，我如用兵，各国及各省对于我军，能否实力助我，且保无别项野心；三、某国（指日本）能否实力助我，且保无别项野心；四、我军支撑数月，即不大得胜利，袁政府因种种困难，将自行倒毙否？以上四端，亟应确实推究，以为决心之依据。务望审夺时势，认真考虑抉择。蔡锷在给梁启超的电报中也说，袁世凯取消帝制，"以为目前和缓人心，将来复可卷土重来之计"。（曾业英编：《蔡锷集》第1337—1338、1354—1358 等页）我们是不能麻痹的，这里军费紧张，务恳接济南洋募款百万，以缓眉急。又多次电催唐继尧，要求尽快援助前线护国军，因为在川前线，北军仍为护国军人数之数倍，万一决裂，形势不容乐观。要求增援，以推动反袁斗争的进一步深入发展。

而在这时，护国军及其反袁独立各省，为了坚持袁世凯退位，坚持对抗袁世凯及其非法政权，积极筹组统一机关，以处理军国大事，代行北京政权。

经过酝酿、筹备，先于1916 年5 月1 日，在广东肇庆成立了两广都司令部，以桂军元老岑春煊为都司令，梁启超为都参谋。当天举行成立大会，岑春煊宣誓就职，对与会者发表讲演说："袁世凯叛国就是国贼，吾人仗义便是义师。以义师讨国贼，万无不胜之理。"（《都司令部之成立》，《民国日报》1916 年5 月10 日）目前国贼尚在，大局危急，希望两广军政各界，务必同心协力，重建我中华民国。都司令部的主要成员还有：副都参谋李根源，秘书长章士钊，外交局长温宗尧，财政厅长杨永泰，饷械局长曾彦，副官长孔昭度等。两广都司令部建立以后，将两广陆军编为七师三混成旅，海军置江防司令部，还设有将校团、海军团、总医院等。两广都司令部名为总摄两广军务，而事实上难予节制两广军队，而只能指挥、调遣桂军一部分；粤军龙济光部不仅调不动，还时常捣乱，制造事端。不过它在名义上统一了两广的军事指挥，扩大了西南护国军的讨袁声势，为护国军军务院的成立准备了条件。

关于护国军军务院的设立，梁启超还在云南起义前，已有考虑。他认为，云南、贵州起义以后，可先组织一个临时政府，这对讨袁事业是有好处的。待到云、贵、桂、粤等省起义后，梁启超与李根源等商议，建议组织护国军军务院，用合议制，执行军国重事，以为对外之统一机关。两广都司令部成立后，梁启超与已宣布起义的各省商定，组织军务院，以代中央临时政府，对军务院的地址及军务院抚军人选、机构设置，都取得了一致意见。

1916年5月8日，南方独立各省的反袁人士和代表，在广东肇庆正式成立护国军军务院。先确定独立各省都督、护国各军主要指挥及相关人士为军务院抚军，他们是：唐继尧、刘显世、陆荣廷、龙济光、岑春煊、梁启超、蔡锷、李烈钧、陈炳焜、戴戡。抚军们互推唐继尧为抚军长，岑春煊为抚军副长，梁启超为政务委员长。其主要成员尚有：秘书长章士钊，外交专使唐绍仪等。稍后抚军又补充了罗佩金、吕公望、刘存厚、李鼎新。唐继尧远在云南，不驻院，由抚军副长岑春煊代行抚军长职权。而日常工作则由以梁启超为委员长的政务委员会负责处理，此外，还有各省代表会等的设置。

护国军军务院成立后，公开宣布否认袁世凯的总统资格，"今袁世凯谋叛罪之成立，现已昭然，即将帝制取消，已成之罪固在，特以约法上之弹劾。制裁机关久被蹂躏，不能行使职权，致使逍遥法外。特此宣言，前大总统袁世凯因犯谋叛大罪，自民国四年十二月十三日下令称帝以后，所有民国大总统之资格，当然消灭，布告中外，咸使闻知。"并声明，大总统既以犯罪即位，所遗未满之任期，由副总统继任。本军政府谨依宣言，恭承现任副总统黎元洪为中华民国大总统，兼领海陆军大元帅。由于大总统身犹蒙难，副总统职尚虚悬，国务院又非俟大总统任命，经国会同意后不能组织。而军事正亟，既当求统一之方；且国运方新，尤宜作通筹之计。因此，经独立各省反复电商，特暂设一军务院，直隶大总统，指挥全国军事，筹办善后庶政，院置抚军若干人，用合议制裁决庶政。其对外交涉，对内命令，皆以军务院命令行之，俟国院成立时，本院当自裁撤。（《护国军军政府第一号宣言》，《饮冰室合集·专集之三十三》第1—9页）

军务院人员构成体现了各派力量实现了某种程度的联合，它既包含了革命党人，也包含了改良派人士，还包括西南各省地方实力派。军务院事实上具有南方临时政府的性质，但由于其临时性和不完备性，它在实际上没有能起到领导独立各省的作用。虽然它在一定程度上体现了反袁各派的联合，然而，梁启超、陆荣延、唐继尧等人，无论在军务院成立过程中，或成立以后，都起着重要作用，他们事实上掌握了军务院的领导权。因此，这样的军务院，没有也不可能提出比较明确的革命纲领，妥协的倾向随着时间的推移而愈来愈严重。

但是，军务院成立本身就表明了护国军一定要袁世凯下台的决心，这在护国战争史上仍然具有重要的积极意义和历史作用。军务院成立后，从政治、军事、外交等方面发动了一系列攻势，给袁世凯及其政府以沉重打击。当时报纸评论道："北京政府所惧者，南方军务院之组织已俨然一临时政府。从前南方势力虽大，尚无统一机关，北方尚有城社可凭。今如此，则所谓中央政府已无复奇货可居。又连接紧要报告，南方一面依约戴黎，一面通告驻京各国公使废止北京政府，此等消息较之某独立、某战失败之惊报，何啻十倍。"（上海《时报》1916 年 5 月 18 日）所以说，军务院成立，声震全国，风声所播，大义已彰。袁世凯这才梦中惊醒，反袁的西南各省是不可屈服的，从此一病不起，茫无头绪。而军务院成立本身，对于进一步鼓励全国人民的反袁斗争的信心，也起了积极的作用。

二、众叛亲离，袁氏一命呜呼

护国战争开始以来，袁世凯"形神颇瘁"，已病入膏肓。元旦入贺者，多人见到袁面目黧黑、瘦削，几已判若两人，难以辨认。取消帝制以后，人民群众反抗之声未曾减弱，反而继续高涨，袁世凯更是"面带愁容"，大失常态。随着形势的发展，对他愈来愈不利，袁氏精神更为颓丧。

人民斗争浪潮还在继续发展，袁世凯心腹爪牙们也不得不考虑自己的出路，从而逐步改变了对袁世凯的态度。

袁世凯苦心经营 20 年的北洋军阀集团，到帝制自为开始时，已显露了分裂的端倪。袁世凯手下的两员大将冯国璋、段祺瑞，因袁氏称帝，断绝了继承总统的希望，大为不满，对帝制活动采取了冷淡和不合作的态度。随着袁氏帝制活动的演进和衰败，北洋军阀内部的矛盾急剧发展，最终出现四分五裂的状态。

早在南北两军川南激战之时，北军冯玉祥就派人与冯国璋暗通声气，表示若冯国璋不反对，他愿意联络在川北军响应护国。四川将军陈宦也派人与冯国璋联系，若冯表示赞成，他愿意宣布四川独立。冯玉祥还致电北军总司令曹锟，劝其独立反袁。川南北洋军总指挥张敬尧，也曾向蔡锷表示，袁世凯做皇帝，我也不赞成。

山东将军靳云鹏，在山东民军包围之中，为求一条生路，于 1916 年 4 月 29 日致电袁世凯，劝其退位，声称如得不到满意的答复，就要宣布山东独立。袁世凯骗他进京讨论，待他上路，人还在途中，即下令免职，代以张怀芝为山东将军，使山东独立半途而废。

此时之冯国璋，置身于袁世凯与护国军之间，两面用计，欲取袁世凯的地位而代之。对袁氏则挟民党以为重，对民党则挟袁氏以为重。4月16日，冯国璋致电袁世凯，劝其退位。电文说，滇黔抗命，桂粤风从，民鲜安居，军无斗志。"为今之计，惟有吁恳大总统念付托之重，以补救为先，已失之威信难返，未来之修名可立。及此尊重名义，推让治权。开诚布公，昭告中外。"袁世凯对这位大将，不便使用对山东靳云鹏的欺骗手法，而采取复电安慰，不触边际地笼统地说什么："至于引咎以往，补过将来，予虽不德，敢忘忠告？"

接着，5月9日，陕南镇守使陈树藩，宣布陕西独立，并将陕西将军陆建章"礼送"出境。陕西是北方惟一以省的名义独立讨袁的省区。虽然说，陕西独立不过是一场闹剧，是陈树藩利用民军和群众反袁逐陆，窃取陕西军政大权，以实现个人野心，但是在心理上、政治上都给袁世凯以沉重打击。

5月22日，四川将军陈宧宣布四川独立，莫明其妙地宣布"与袁氏个人断绝关系"。这使袁世凯非常伤心，因为袁一直把陈宧看作是自己的一员心腹。四川独立，对袁精神上的打击也是很沉重的。5月29日，湖南将军汤芗铭宣布湖南独立。在汤芗铭宣布独立后一周，袁世凯就死了。因此，当时人有诗嘲弄说："扶运六君子，送命二陈汤。"借用两味中药来说明袁世凯帝制自为的兴起与衰败，这就是说，袁称帝靠的是筹安会六君子，而死亡却由于陕西陈树藩、四川陈宧、湖南汤芗铭的背叛，受到严重打击的结果。这种嘲弄的语言，虽不一定准确，却也说明了一些道理。

在这种情况下，段祺瑞、冯国璋更不卖袁世凯的账了。冯国璋更于5月18日，召集了奉天、吉林、黑龙江、直隶、山东、河南、江西、安徽、湖南、湖北、福建、山西、察哈尔、热河、绥远以及上海、徐州等地区代表20人参加的南京会议，讨论袁世凯之地位问题。虽然这次会议吵吵嚷嚷地闹了几天，并没有得出什么一致的结果。但是，北洋军人敢于公开讨论袁世凯的地位问题，亦可见袁世凯的地位已一落千丈，无可挽回了。南京会议草草收场，标志着统一的北洋军阀已不存在，北洋派已处于四分五裂的状态之中了。

在这一系列的吵吵嚷嚷中，袁世凯已经感觉到了一片众叛亲离之声，使得他更加垂头丧气，呆若木鸡，从此一病不起。各方面知名人士，亦纷纷要求袁世凯退位。在沪国会议员256人，联名通电，声明背叛民国之人没有资格与护国军议和。民初民国总理唐绍仪斥责袁世凯丧尽廉耻，必须退位。伍廷芳劝袁世凯退位，以求"灵魂的安乐"。张謇也要袁世凯退位，以平民愤。海外侨胞、留日学生等也多次通电要求袁世凯下台，并"执行国法"。这些声音成了一股强大的压力，直接对着袁世凯。

然而，袁世凯却又在湖南宣布独立的同一天，即1916年5月29日，强打起精神，宣布了"帝制议案始末"，抵赖自己的罪行，而将一切责任推之于别人，说什么："即今日之反对帝制者，当日亦多在赞成之列，尤非本大总统之所能料及。""反对之徒，往往造言离奇，全昧事实，在污蔑一人名誉、颠倒是非之害小，而鼓动全国风潮、妨害安宁之害大。"最后还以威胁的口吻，扬言要"将各省区军民长官迭请改变国体暨先后推戴，并请正大位各文电，另行刊布"。（孙曜编：《中华民国史料》中册第80—83页）他以为这样会缓和舆论，博得同情，实际情况却正好相反。这个"帝制议案始末"的出笼，更暴露了袁世凯死不悔改，进行垂死挣扎的妄想。

袁世凯此后即卧病不起，他料定自己已不久于人世，忙将徐世昌、段祺瑞、王士珍等人请来，交代后事。但等这些人来后，他已处于弥留之中，昏迷不省人事，眼睛翻白，几乎不能言语。经医生打强心针后，才喃喃地吐出几个不连贯，又不明所云的字来："约法……他……整了……我。"此后，即再也不能言语了。延至1916年6月6日上午10时，袁世凯终于一命呜呼，结束了可耻的一生。而以反对袁世凯称帝为目标的护国战争也就无形结束了。

护国战争是近代中国资产阶级领导的仅次于辛亥革命的又一次革命运动，是辛亥革命的继续，所谓"辛亥首义，民国建立；护国讨袁，共和再现"的历史地位应充分肯定。护国战争在维护资产阶级共和制度、粉碎袁世凯复辟封建帝制方面，达到了目的，取得了胜利。护国战争的功绩在于，它符合社会发展的客观规律，延缓了中国半殖民地半封建化的过程，避免了历史更大的倒退；集中反映了辛亥革命以后，共和观念的深入人心，人民群众的进一步觉醒。

蔡锷作为护国军的主要领导人，在发动、领导和指挥战争的过程中，坚决果断，艰苦奋斗，对于粉碎袁世凯帝制复辟起了重大作用。而且蔡锷带病始终坚持在战斗的第一线，精神更是难能可贵。蔡锷是护国战争的象征，是"护国军神"。

护国战争在反对袁世凯复辟帝制这一点上，取得了胜利，但是它没有、也不可能改变当时中国半殖民地半封建的社会性质。战争的结果，虽然打倒了袁世凯，代之而起的仍然是北洋军阀的统治及其军阀割据与混战的局面。中国革命要取得胜利，必须寻找新的出路。

三、临危受命，督军四川

袁世凯死后，以反袁帝制自为的护国战争事实上结束了。护国战争结束以后，在中国政治舞台上却出现了在帝国主义各国支持下的各派军阀的割据和混战局面。当时，中国最大的军阀集团，分裂为三个主要派系，这就是以段祺瑞为首的皖系，以冯国璋为首的直系，以张作霖为首的奉系，以及由他们中孳生或依附于他们的若干较小的军阀和派系。在南方则出现了以广西陆荣廷、云南唐继尧为代表的西南军阀各派系。

护国战争结束后，黎元洪在 1916 年 6 月 7 日继任大总统，而由皖系的段祺瑞以总理身份掌握了北京政府的实权，成为北方的实际统治者。

在四川前线的反袁护国军，在获悉袁世凯死亡的消息后，三军雀跃，万众欢腾。他们为护国战争终于粉碎了袁世凯帝制复辟，打倒了袁世凯而高兴。作为护国第一军总司令的蔡锷，当时所想到的并不是趁机扩张实力，而是"收束兵事，保国治安，维持财政"三点善后要务。蔡锷为此通电声明，护国第一军出征以来，未滥招一兵，未滥收一钱，师行所至，士兵未擅取民间一草一木。因而，本军范围，收束甚易。同时表示，本人锋镝余生，无意问世，且夙疴未瘳，亟待疗养。待本军部署稍定，即行解甲归休，遂我初服。（曾业英编：《蔡锷集》第 1427—1428 页）蔡锷还多次声明，决不为争个人权利而奋斗。蔡锷的这个表示和精神，在民初的年代，是很难得的，也是令人钦佩的。可是，在护国战争刚刚结束之际，各种矛盾还比较尖锐的时候，他却放弃了与北洋军阀的斗争。因此他说，袁世凯倒台，黎元洪继任，两军（指护国军与北洋军）"即属一家"。

然而，与蔡锷的态度不同，还在战争行进过程中，唐继尧在兵员配备和军费使用上，对蔡锷所率护国第一军有所刁难。一方面，蔡锷所率第一军第二、三梯团主力入川，仅有兵力 3000 余人，而留在昆明的军队尚有1000 多人，滇南有 2000 多人，滇西也有一二千人，后来还有增加，所以唐继尧留在省内的兵力总约七八千人。另一方面，唐继尧又以饷粮支绌为词，没有给第一军主力以开拔费，后由蔡锷的总参谋长罗佩金以家产押给殖边银行，得款 12 万元，资助第一军，蔡锷所率护国第一军才得以成行，从昆明向四川出发，而这时云南已宣布独立反袁 20 天了，即 1916 年 1 月 14 日，时间显然有所延误。

护国第一军在川艰苦奋战半年之久，特别是 1916 年 2、3 月间，战事十分激烈、艰苦，护国军处境相当困难，唐继尧在军饷、军需和兵员上都没有给前线以任何补充。在军饷方面，蔡锷曾说，自昆明出发以来，仅领滇饷两月。半年来，关于给养上毫无补充，以致衣不蔽体，食无宿粮，每日伙食杂用，皆临时东凑西挪，拮据度日。支撑至今，竭蹶可想。护国第一军入川半年，欠饷、贷款、恤赏所需之款，在 200 万元以上。在军需上，特别是弹药的补充，虽然蔡锷多次致电唐继尧催促，却没有反响。所以，直到 6 月 7 日（袁世凯死后的第二天，蔡锷尚未获悉袁死的消息），蔡锷还曾致电唐继尧说："迭电哀恳，究未照办，同袍将士，颇滋疑虑，万望河海是幸。"（曾业英编：《蔡锷集》第 1423—1424 页）唐继尧仍无答复。而在兵源补充上，亦大体如此。

然而，在护国战争事实上已经结束的时候，唐继尧却利用护国的名声，大肆扩军，以扩张实力。在原护国三军之外，又扩充了五个军，达八个军之多，即将原挺进军扩编为第四军，以黄毓成为军长；新设第五军，以叶荃为军长；第六军，以张子贞为军长；第七军，以刘祖武为军长；增编警卫一军，以庾恩旸为军长。这时兵饷、兵员、军械都有了，而支援护国第一军时却什么也没有。唐继尧计划第四军出川，第五军由会理、宁远出陕西，第六军出粤，第七军由桂林出长沙，唐继尧拟率第三军及警卫军由黔出湘，会师武汉，大举北伐。因袁世凯死了，唐继尧的"北伐"失去了目标，才未能有"会师武汉"之举。可是，在获知袁世凯死后，唐继尧却加紧了派兵出省的部署。这就是说，唐继尧企图利用北洋军阀内部分崩离析的时机和护国战争的声威，扩张地盘，抢夺护国战争的胜利果实。

面对这种状况，不能不引起蔡锷的忧虑和气愤，他曾讽刺地说："古者天子有六军，今能驾而上之，冀公（唐继尧）之魄力伟矣。"（曾业英编：《蔡锷集》第1417页）蔡锷直接去电唐继尧劝告说："关于个人权利加减问题，最易为梗。今侪辈中果有三数人身先引退，飘然远骞，实足对于今日号称伟人志士英雄豪杰一流，直接下针砭，为后来留一榜样，未始非善。"蔡锷在同一日又发出一电说："所宜注意者，我辈主张，应始终抱定为国家不为权利之初心，贯彻一致，不为外界所摇惑，不为左右私昵所劫持，实为公私两济。迩者滇省于袁氏倒毙之后，于刚出发之军，不惟不予撤回，反饬仍行前进，未出发者亦令克期出发。锷诚愚陋，实未解命意所在。近则已与川军启冲突于宁远矣。若竟徇某君等之一意孤行，必败坏不可收拾，将何以善其后？锷为滇计，为冀公计，不忍不告。务望设法力图挽救是幸。"梁启超阅读此电后，更是火上加油，在蔡锷电文上，从"迩者"起，至"命意所在"止，每字加圈点，又签注："松公与大敌相持于泸叙间时，望滇中援军如望岁，呼吁声嘶，莫之或应。袁倒毙后，而滇中北伐大军，乃日日出发。读者读此电，试作何感想？"（曾业英编：《蔡锷集》第1462页）

唐继尧正是利用护国的威名，以云南为基地，开始了扩张地盘的军阀事业。关于这一点，川军刘存厚稍后反对滇、黔军操纵川省军民政务时，曾经指出："当袁世凯死的时候，唐继尧曾密电滇黔军将领，入川的滇黔军队要长久在四川驻扎，就是蔡公令撤回，也要取得他的同意。非有唐的命令，不能离川。这是唐继尧占据四川的阴谋。"（李乐伦：《护国之役后四川的动乱局面》，《四川军阀史料》第1辑第95—96页，四川人民出版社1981年版）这个意思，大体上反映了这一时期唐继尧的基本思想倾向。

在紧张的战争结束以后，蔡锷的病情迅速恶化了。他在几个电报中，提到自己的病情说："患喉头炎已半年余。初发时，久未治，致成慢性，现已成颗粒性，夜间多干咳，殊痛楚。日来发音甚微，且以为苦。""喉病起自去冬出京以前，迄无疗治之余裕，今已成顽性。"因此，他多次表示，需要请假离职，专门治疗，否则难以痊愈。（曾业英编：《蔡锷集》第 1436、1444 页）

即使如此，他对于北京政府的垂询政务，仍然作了认真的答复。他认为，当前应当抓好下列几件工作。一、仍暂遵用民国元年约法，以定民志而资遵守。二、改组责任内阁，应照法律程序重新组织。三、百政待决于国会，亟宜克期召开。四、军民分治。五、速开军事善后会议，开诚布公，共谋收束安插之方。六、惩办帝制祸首，以纾公愤而儆将来。（曾业英编：《蔡锷集》第 1440—1441 页）

1916 年 6 月 24 日，北京政府发布命令，以蔡锷为益武将军、督理四川军务。但北京政府又同时任命北洋派、指挥北军镇压护国起义的总司令曹锟会办四川军务，以牵制蔡锷。这个不伦不类的任命，引起川人的严重不满。川人蒲殿俊等致电北京政府，要求立即收回成命说："方以蔡锷督川，又令曹锟会办四川军务，事出不伦，何胜骇疑！曹军在川，奸淫掳掠，惨无人道。"而且"蔡、曹薰莸，不可同器，明彼昧此，宁曰善策！"要求命令曹锟立即滚出川境。（《四川军阀史料》第 1 辑第 246 页）

6 月 28 日，蔡锷由永宁出发，经大洲驿、纳溪，于 7 月 1 日到达泸州。梁启超特电邀在重庆的德籍医生阿斯米先期到泸州等候，为蔡锷治病。阿斯米固执地作了错误诊断，强行使用治梅疗法，给蔡锷打了一针洒服散。这一针打下去，病情急剧恶化，寒战高烧持续 39℃，肿痛更甚，饮食难进。从此，病人除声音发哑，加上喉痛，又带上不规则的发烧，致使身体疲惫，体力不支，显出了严重的病态。然而即使如此，蔡锷仍然坚持工作，他把参谋长和秘书叫到床前，研究重建四川的计划。可是，病不饶人，蔡锷难以坚持，不得已于 7 月 5 日致电北京政府，详细说明病情，请求请假去日本治病。电报说：

窃锷喉病起自去冬，初发时未予加意疗治。迨间关南来，身历戎行，风尘倥偬，军书旁午，精神激发之余，病势亦为之稍却。迨至双方停战，乃始延医诊视，则已由慢性而成顽固性矣。近月来，喉间痛楚加剧，不能发音。历据中西医员诊视，皆谓久延未治，声带受病甚深，已狭而硬，非就专科医院静加调治不为功。日昨德医来泸，亦谓川中无器械药品，气候尤不良，非转地疗养难望痊可等语。值兹国事未靖，川局多故之秋，何敢自耽安逸，意存诿卸，实以膏肓痼疾，历久更无治愈之望。川省繁剧之区，亦非屏病之身所能胜任愉快。况锷于起义之始，曾声言于朋辈，一俟大局略定，即当引退，从事实业。今如食言，神明内疚，殊难自安。伏望代陈大总统，俯鉴微忱，采纳艳电所陈，立予任命，抑或以罗佩金暂行护理，俾锷得乞假数月东渡养疴。（曾业英编：《蔡锷集》第 1450—1451 页）

这个请假电报，未获批准，加上川省战乱又起，各方面打电报来要求，欢迎蔡锷早日赴任。原来，早在四川将军陈宧宣布四川独立时，袁世凯即采用借刀杀人之计，于 6 月 3 日提升川军第一师师长、重庆镇守使周骏为益武将军，督理四川军务，并任命周骏部旅长王陵基为重庆镇守使，唆使他们进攻成都，驱逐陈宧。其时，周骏所部在川军中实力较强，且得到北军送给重炮二尊，这是护国军也没有的重型武器。袁世凯死后，周骏在北洋派段祺瑞、曹锟的暗中支持下，继续进兵成都，并提出"四川人不打四川人"的口号，煽动参加护国军四川将领刘存厚、熊克武等。在周骏所部的进攻下，陈宧向川南蔡锷告急。蔡锷派罗佩金率领顾品珍梯团往援成都，但援军尚未到，陈宧支撑不住，于 6 月 26 日逃出成都，周骏自为四川督军。

罗佩金率部向成都进发，与刘存厚、熊克武等部联络，进攻周骏所部。周骏抵挡不住，见势不利而逃，刘存厚率部先入成都，暂行代理四川军民政务。在这种形势下，驻川的北军深感不安，军心不稳，为了避免危险和损失，乃决定退出四川。

北京政府又于7月6日，任蔡锷为四川督军兼省长，蔡锷不得已临危受命，只得抱着病体前往成都就任。

四、病势严重，赴日就医

袁世凯死后。以反对袁世凯帝制自为为目标的护国战争已失去目的，在事实上就结束了。因此，作为护国独立各省的领导机关、南方临时政府——护国军军务院，其存在也就失去了价值。军务院成立时，其发布之宣言和组织条例早已声明，军务院应在黎元洪继任总统、恢复临时约法，以及旧国会恢复，并经国会同意后解除其职权。到1916年7月中旬，黎元洪已继任总统，临时约法已经宣布恢复，虽然国会尚未恢复，但已定于8月1日复会。7月14日，北京政府正式发布了惩办帝制祸首令，于是护国军的主要领导人认为，护国军提出之主要条款，已经达到目的，衡量全国形势，应当与北京政府同心协力，共济时艰。这样，唐继尧以抚军名义领衔，抚军（包括蔡锷）全部列名，于北京政府发布惩办帝制祸首令的同一天，即7月14日，宣布撤销军务院，并通电全国。

事实上，这个布告和通电，由梁启超起草，唐继尧事前未与各抚军协商，即独断专行把这个文电发出。因而，有人对此甚为不满。不过，撤消军务院一事，虽然有人反对，却得到了北京政府的高度赞扬和肯定。黎元洪当即电贺，说什么："滇黔起义，薄海从风。合议机关，应时成立。拨云见日，再造共和，则是军院诸公大有造于民国也。"话锋一转又说，现在诸公"主持正论，践履前盟，举重光之日月，还吾国民，挈百战之山河，归诸政府，从此民有常轨，国无曲师，藩祸不兴，邻气自戢，则是军务院尤大有造于后世也。"（庾恩旸：《云南首义拥护共和始末记》第96页）这是给军院诸公歌功颂德，别有所图地戴大帽子。

唐继尧在通电撤消军务院第二日，即7月15日，又照会各国驻华使馆，声明"所有中华民国一切内政外交，悉听元首、政府、国会主持"。这样，象征护国战争最后的一点标志，也就从历史上完全消逝了。军务院的最后撤消，成为护国战争完全结束的标志。护国军虽未正式宣布撤消，不过也自然而然地结束了自己的使命。

军务院撤消，护国战争结束了，但全国以及四川内部仍纷乱不平。此时被任命为四川督军的蔡锷，虽然病情相当严重，但各方力劝其赴成都就职。群众和各方面人士对蔡锷治理、安定四川抱有很大的希望。蔡锷没有办法，只好同意去成都赴任，但同时又表示，部署稍定，即请假就医。这时，经德医治疗后，蔡锷病情不仅没有好转，反而肿痛更剧，声音全失，饮食骤减，精神更差，但又无可奈何。

蔡锷于7月21日从泸州出发，是乘坐轿子去成都的，他已没有精神骑马驰驱了。7月29日，蔡锷到达成都视事。蔡锷到达成都之日，全城悬挂国旗，各界人士出动欢迎，形成"万人空巷"的景观。蔡锷到成都后，立即给北京政府一电，声明"病体未痊，所有署内日行寻常事件，仍委罗佩金暂行代理"。他把自己的精力，用于考虑主要问题，希望迅速处理善后问题，有所作为，然后请假治病。因此，他在成都仅10天，大刀阔斧，整理在川军队，统一财政收支，制定军队、官吏奖惩条例等。整理在川军队中，他建议进行收缩，曾设想把在川军队按照一、二、三的比例进行改编，即黔军一师、滇军二师、川军三师。一、二、三的设想未能实现，而实际的安排是：以周道刚继任四川陆军第一师师长，移驻合川；刘存厚仍任川军第二师师长，又升任川军第一军军长，驻守成都；钟体道任川军第三师师长，驻守川西北；以陈泽霈率领之护国军，编为川军第四师，以陈为军长，驻守川西；以熊克武统率之护国军招讨军，编为川军第五师，熊任师长兼重庆镇守使，驻扎重庆。滇军顾品珍、赵又新两梯团，改编为滇军驻川第一、二两师，后又改称川军第六、七师，驻扎川南及川东一带，顾、赵分别任师长。入川黔军一旅，驻扎重庆、万县等地。

关于四川省长公署厅处及各道人选是：尹昌龄为政务厅长，邹宪章为财政厅长，嵇祖佑为全省警务处长，殷承瓛为川边镇守使，钟文虎为川西道尹，修承浩为川东道尹，熊廷权为川边道尹兼川边财政分厅长。蔡锷亲自主持了四川政务会议，尽心经营川省事务。他甚至表示：四川人力物力都极丰富，确乃西南重心，大有可为。我原想到中央服务，现在我不去中央了，仍要转来，因此非赶快就医不可。他对四川满怀信心，抱有很大希望。

蔡锷一面整顿，一面继续表示希望请假离川治病。因而，湖南的绅士们曾表示欢迎蔡锷回湘，任湖南督军，为桑梓服务。蔡锷表示，自己曾希望病退，为形势所迫，不得已到成都视事。现在病情沉重，延久不治，必成哑废，而日夜痛楚，语不成声，殊失人生乐趣。"故万虑皆空，所谓弃蜀入湘之议，不过人代为谋，殊无所容心于其间"。（曾业英编：《蔡锷集》第 1473 页）入湘之事，既不为形势所允许，亦非蔡锷的愿望。

在这期间，蔡锷的老师（梁启超）的老师康有为，给蔡锷来了一封信，对蔡锷的身体表示关怀。然而康有为却也为自己在护国中之事争功，说什么："弟（蔡锷）起兵，实为我决策。叙州危难我罪也，故劝干卿（陆荣廷）独立，又派君勉率舰迫龙（济光）独立，以救弟。"这段话表明，康有为也反对袁世凯称帝，不过他却另有一番打算，即主张原宣统溥仪复辟，而不是袁世凯复辟，这是后话。蔡锷对康有为的来电中所述"决策"之事，不置可否，只是笼统地表示"过蒙护持奖籍，既感且惭"。因病准备请假，即将东下治病，到时晋谒，面谈。（曾业英编：《蔡锷集》第 1474 页）

然而，后来蔡锷过上海，因病情沉重，未及与康有为见面。

由于病情继续恶化，实在难以坚持工作，蔡锷再电北京政府，请准予辞职治病，并保罗佩金代理川督，戴戡代理四川省长兼四川军务会办，8月7日，北京政府终于批准给假两月。

蔡锷离开成都前，曾在成都绅商界会上有个讲话，明确表示自己的态度："此次奉命督川，因病屡辞不获。继乃请病假，旋因各方面欢迎，不得不扶病到省。"本想为四川、为全国作点事，惜久病未愈，不能不暂时休养，拟即请假三月，到上海或日本就医。并声明，军民事务委托罗佩金、戴戡代理，至于驻川滇军，"事毕立即撤回"，请大家放心。（曾业英编：《蔡锷集》第 1479 页）

离成都前，他与蒋百里等人一道，游览了成都市郊的名胜古迹：杜甫草堂和望江楼，留下了两首七言绝句，抒发了情怀。

谒草堂寺

锦城多少闲丝管，不识人间有战争。

要与先生横铁笛，一时吹作共和声。

别望江楼

锦江河暖溅惊波，忍听巴里下人歌。

敢唱满江红一阕，从头收拾旧山河。

（曾业英编：《蔡锷集》第 1477 页）

8月9日，蔡锷到成都视事后10日，即带领总参议官蒋方震（百里）、代理副官长李华英、秘书唐巇等人离开成都。蔡锷离开成都时，四川人舍不得他走，甚至有人烧着香，拦着路，不让他走。他曾作《告别蜀父老文》，情词真切，传诵一时，全文如下：

锷履蜀土，凡七阅月矣。曩者，驰驱戎马，不获与邦人诸友以礼相见，而又多所惊扰，于我心有戚戚焉。顾邦人诸友曾不我责，而又深情笃挚，通悃款于交绥之后，动讴歌于受命之余，人孰无情，厚我如斯，锷知感矣。是以病未能兴，优异舆入蓉，冀得当以报蜀，不自知其不可也。乃者，视事浃旬，百政丛如，环顾衙斋森肃，宾从案牍，药炉茶鼎，杂然并陈，目眩神摇，甚矣其惫。继此以往，不引疾则卧治耳。虽然，蜀患深矣！扶衰救敝，方将夙兴夜寐，胼手胝足之不暇，而顾隐情惜己，苟偷食息，使百事堕坏于冥冥，则所谓报蜀之志，不其谬欤。去固负蜀，留且误蜀，与其误也宁负。倘以邦人诸友之灵，若药瞑眩，吾疾遂瘳，则他日又将以报蜀者，补今日负蜀之过，亦安在其不可？锷行矣，幸谢邦人，勉佐后贤，共济艰难。锷也一苇东航，日日俯视江水，共证此心，虽谓锷犹未去蜀可也。（曾业英编：《蔡锷集》第 1476 页）

蔡锷离开成都后，先到泸州，在朱德的家里住了几天，这时朱德的部队正驻防泸州、南溪。朱德最后一次见到蔡锷，他回忆说：一见蔡锷，"绝望的感觉立刻涌上心头，蔡锷看上去像个幽灵，虚弱得连两三步都走不动，声音微弱，朱德必须弓身到床边才能听到他说的话。蔡锷低声说，这次去日本，既费时间又费钱，因为已经自知没救了，他并不畏死，只是为中国的前途担忧。"（[美]史沫特莱：《伟大的道路——朱德的生平和时代》第 138 页）

蔡锷从泸州乘船顺长江东下，在重庆稍作停留，换乘轮船下驶到达湖北宜昌后，换乘大元商轮于 8 月 26 日到达汉口。蔡锷到汉口，湖北督军王占元设宴招待，邀蔡锷上岸。蔡既无精神，也无心思上岸。当晚即换江裕轮下驶，于 8 月 28 日到达上海。

　　蔡锷到上海时，未通知更多的人。所以，上岸时，只有被蔡事前派到上海来打前站的少数人在码头迎接，然后被石陶钧等人送到事先已准备好的"寄庐"居住。蔡到上海消息传出后，要求看问、拜候的人很多，但因病情关系，除会见梁启超外，其余一概拒绝见面。为此蔡锷在 1916 年 9 月 2 日的《中华新报》上刊登个《启事》说："据医生言，病宜静养，并当屏除一切，切无论亲旧，谨谢枉顾。即示函件，亦概恕不作答。"黄兴获悉蔡锷到上海消息，曾派其子黄一欧代表前往码头迎接。

　　蔡锷到上海时，病情更重了。梁启超回忆说，蔡到上海时，"我会着他，几乎连面目也认识不清楚，喉咙哑到一点声音也没有。医生看着这病是不能救了。"（梁启超：《护国之役回顾谈》，《饮冰室合集·文集之三十九》第 1—2 页）尽管为此，当梁启超把自己编好的一本文集《盾鼻集》送给蔡锷看，并征求他的意见，请为之作序时，蔡锷欣然允诺。

　　蔡锷在《盾鼻集》序中，追述了他和梁启超策划反袁的过程说："当去岁秋冬之交，帝焰炙手可热，锷在京师，间数日辄一诣天津，造先生之庐，谘受大计。及部署略定，先后南下，濒行相与约曰：事之不济，吾侪死之，决不亡命；若其济也，吾侪引退，决不在朝。"然后又叙及《盾鼻集》成书说："秋九月，锷东渡养疴，道出沪上，谒先生于礼庐，既欷歔相对相劳苦，追念此数月中前尘影事，忽忽如梦。锷请先生裒集兹役所为文，布之于世，俾后之论史者，有所考镜，亦以著吾侪之不得已以从事兹役者，此中挟几许血泪也。"（曾业英编：《蔡锷集》第 1481—1482 页）这个序写于 1916 年 9 月 9 日。

　　蔡锷在上海就医，但十天后病情仍无好转，因此他又向北京政府报告："连日稍涉劳扰，热度骤腾，此间空气太湿，不适贱躯，拟往日本福冈，专意疗养。"（曾业英编：《蔡锷集》第 1481 页）

蔡锷于9月10日晨从上海乘轮船前往日本，到神户时，日本记者纷纷来访，蔡锷以手指喉，以示喉头失音，无法讲话。即由蒋方震代为发言说："将军之病，实因袁氏叛国而起。纳溪之战，将军已感觉喉头梗塞，到泸州时竟至完全不能发声。七月二十日由叙府赴成都，在那里住了九天，病情更为严重。北京当局劝其住西山疗养，将军则以不能杜门谢客为虑，所以来到贵国就医。"（陶菊隐：《蒋百里传》第43页，中华书局1985年版）9月14日，蔡锷进入日本九州福冈医科大学病院治疗。

五、病逝福冈，国葬湖南

蔡锷到日本之初，对自己的病情甚抱乐观态度。他在给北京政府和梁启超的电报中说，由于两位名医费久保、早稻两博士的医治，他们医术精细，治疗恳切，调养适宜，当可速痊。

蔡锷在日本治疗期间，北京政府发布了授勋令。以大勋位授予孙中山，勋一位授予黄兴、蔡锷、唐继尧、陆荣廷、梁启超、岑春煊。而莫名其妙的是勋二位授予的人中，竟有镇压护国军的北洋将领曹锟、张敬尧等人。而北洋三大将段祺瑞、王士珍、冯国璋获得一等大绶宝光嘉禾章；蔡锷等人只获得二等大绶嘉禾章。这样的授勋，使人啼笑皆非。虽然，日本政府军部及福冈军政民团各界，在福冈医院为蔡锷举行了盛大的庆祝会，向他表示了祝贺和敬意，蔡锷却难以高兴起来。

蔡锷在海外治病，对国事仍然非常关心。他与唐继尧等联名致电黎元洪，要求对护国战争时期，海珠事变中受害人汤觉顿、王广龄、谭学夔以及其他死难人员，进行表彰和抚恤。为此，蔡锷还写了一副挽联，以表达自己对死难烈士的怀念和悼唁：

才若晨星，国如累棋，希合而支持，乃聚而歼绝；

君等饮弹，我亦吞炭，与生也废弃，宁死也芬芳。

（曾业英编：《蔡锷集》第 1499 页）

1916 年 10 月 31 日，黄兴病逝于上海。一天以后，蔡锷闻讯，非常悲痛。蔡锷与黄兴于公于私，都有特殊感情，黄兴的病逝对蔡锷刺激很大。蔡锷发出唁电，吊唁黄兴说："顷得噩耗，惊悉克公（黄兴，字克强）逝世，国失重望，举世所悲。"蔡锷同时致函在上海的张嘉森，嘱其代表自己前往祭奠黄兴。张嘉森后来回忆说："蔡公松坡闻黄克强之丧，哀悼竟日。八日，以书抵予，嘱代表往祭，附祭文一、挽联一、为黄公身后请恤电一。敦知书来之日，欲祭人之公，乃已为受祭之人耶。"

在长篇《祭黄兴文》中，蔡锷追叙了黄兴革命的一生，自己与黄兴的终身友谊，然后说："予已血为之瞩，泪为之枯，念人世之靡常，壮健如君而犹速化，翻欲以造之物倒行逆施者，以自慰籍此浮沉一年余之病躯。予言有穷，而痛将无有已时也。予继将何从而视君之丰硕而魁梧？呜呼，伤哉！"

蔡锷在病榻撰写哭黄兴的挽联一副，其文如下：

以勇健开国，而宁静持身，贯彻实行，是能创作一生者；

曾送我海上，忍哭公天涯，惊起挥泪，难为卧病九州人。

（曾业英编：《蔡锷集》第 4500—1501 页）

这很可能是蔡锷的最后绝笔。延至 11 月 8 日凌晨 2 时，蔡锷因积劳病重，医治无效，不幸病逝于日本福冈大学医院，享年仅 34 岁。

蔡锷临终前，由护士勉强扶起来，凭窗瞭望日本飞机学习演习，又一次受到刺激。他对蒋方震说："我早晚就要和你们分手了。我们建设国防尚未着手，而现代战争已由平面而转立体，我国又不知道落后了多少年！"他又感慨地说，我"不死于对外作战，不死于疆场马革裹尸，而死于病室，不能为国家作更大的贡献，自觉死有余憾"。（陶菊隐：《筹安会"六君子"传》第141页）随即给北京国会和黎元洪发出电报说，锷恐病好不了，特口授随员等数事，以遗电陈述：一、愿我人民、政府，协力一心，采有希望之积极政策；二、意见多由争权利，愿为民望者，以道德爱国；三、此次在川阵亡及出力人员，恳盼罗督军、戴省长核实呈请恤奖，以昭激励；四、锷以短命，未克尽力民国，应行薄葬。（曾业英编：《蔡锷集》第1502页）这实际上是蔡锷的临终遗嘱。

关于蔡锷的病逝，当时日本报纸曾有详细报道说："正在九州帝大医学医院耳鼻咽喉科特别室治病中的中国四川省督军蔡锷氏，于八日午前二时在该医院病室内逝世了。关于患病治疗经过，据久保教授说：蔡将军于九月十四日入院时，病情已很严重，两肺及口腔咽喉都有病灶，进食困难，发热达39℃。内科稻田教授与耳鼻咽喉科久保教授都认为无康复希望。经简单地采用治病变办法，后来治疗得到好转，咽喉部的病也渐减，食欲增加，特别爱吃日本食物，热度也下降，患者一般心情也稍安。然而从十月末开始，肺部病变急速发展，食欲不振，出现手足浮肿及腹水，并发39℃高烧。加之肠结核关系，出现顽固的腹泻。从十一月一日起，手足颜面肿加重，身体益衰弱，好容易经过一星期治疗，六日浮肿曾一度消退。十一月七日即逝世先一日，一早起来天气晴朗，精神有较大恢复，食欲亦增进，恰好窗外天空飞机进行航空演习，他兴奋地打开卧室床边窗户向外观览。现在看来，完全是所谓灯火熄灭前的一时闪光。从当晚十时病情再度急剧变化，呼吸道痰结阻塞，苦闷异常，至午夜（八日午前）一时陷入危笃状态。急报内科和耳鼻咽喉科两位主任博士，久保博士于一时半赶到，立即进行急救注射，至二时终于逝世。八日二时十分稻田博士继续来到，已万事皆休，无术可施。八日晨，一方面由解剖科教授樱井博士为尸体防腐，于血管内注射福尔马林；另一方面立即向民国总统发了急电，至于尸体解剖或是火葬应该送还本国施行云云。"（陈新宪：《蔡锷之死》，《忆蔡锷》第 423—426 页）

陪同蔡锷在日本治病的石陶钧，关于蔡锷在日本治病及其病情的变化，也留下了一些记载。他说："弟到东之日，松（指蔡锷）病渐倾于坏象。至本月一日（11 月 1 日），闻克公（黄兴）去世，为之大戚，因此下痢更甚，精神益衰。弟每日见面，渐不能谈话。初五、六既呈验症，乃六日晚行注射后，初七日精神顿爽。并自谓前数日颇险，今日大快矣。夜间犹嘱写信上海买杏仁露。十时顷，气喘目直视，注射后稍安。至八日午前一时，又因痰塞，喉断呼吸，继痰出，有呼吸，已极微弱，行人工呼吸法，静掩其目，平和安然而逝。嘱书遗电事，精神尚一丝不乱也，无一语及家事。"又说："遗电当已公布，精神千古不磨也。"（《长沙日报》1916 年 11 月 26 日）所记与当时日本的新闻报道，颇为接近，应是可信的。

蔡锷的逝世引起了全国人民的悲痛。其时，在北京的湖南人匡互生，目睹北京情况，在这年 11 月 14 日寄给他父母亲的信中这样写道："本月八日，此间各机关接到日本东京来电，称蔡公松坡于是日上午病死于福冈医院，都人闻之，无论南人北人外国人莫不为之痛惜。盖伊功高才大，德隆望重，久为中外所佩服故也。北方人对于南方人各省首领多不满意，惟一谈及蔡锷之名，则皆信服。如其不死，则将来调和南北之意见，及整顿中国之内政，皆为易事。不幸短命，不仅宝庆失一先觉，而国家亦将受莫大之影响。"（袁泉：《当时人记当时事——匡互生记蔡锷逝世后京中情况》，《人民政协报》1992 年 12 月 22 日）这是很有代表性的反映。

北京政府领导人，慑于舆论的压力，也分别发出了唁电和褒扬令。大总统黎元洪在其电文中说：蔡锷"才略冠时，志气宏毅，年来奔走军旅，维护共和，厥功尤伟"。特拨给银二万元治丧，待灵柩运回国之日，另派员致祭，并从优议恤。副总统冯国璋电文说："蔡督军再奠共和，有功民国。"噩耗遥传，殊深悲怆。

各省军政首长也纷纷致电吊唁。其中湖南省长谭延闿电文说："溯自辛亥以来，此公义旗首发，艰难备尝，缔造共和，厥功最伟。"为此应为其建专祠、立铜像，遗族从优议恤。云南督军兼省长唐继尧电文说："蔡锷总其生平，既富于韬略，优于文学，尤娴习政治，是以综理军民，措置裕如，滇桂川黔之民，迄今思慕不置，而治事精勤，操守纯洁，尤足为当世官吏师法。今身后萧条，不名一钱，老幼茕茕，言之心痛！"他也建议为蔡锷举行国葬，史馆立传，在京师及各省设专祠，建铜像，"以彰国家崇报之典，而为后来矜式之资"。（以上电文见毛注青等编：《蔡锷集》第634—636页）

蔡锷的灵柩由船上运到陆地时的情景

北京政府在各方面的要求下，追赠蔡锷为上将军，并决定举行国葬典礼。

1916年12月5日，蔡锷的灵柩，在大总统特使袁华选，以及随蔡锷去日本的蒋方震、石陶钧等人护送下，乘轮船回到中国，抵达上海。30年前，笔者在研究蔡锷过程中，搜集到由上海商务印书馆印制的一套明信片，计12张。明信片的后面是12幅名为"蔡上将丧仪写真"（又称"再造共和蔡公丧仪写真"）的珍贵照片，反映的就是蔡锷灵柩从日本运回上海时摄下的真实镜头。这12幅照分别取名为：1、大门牌楼及灵堂；2、新铭轮船码头；3、灵柩上陆；4、各学校学生；5、各队童子军；6、救火联合会商团筹备处及各商业代表；7、本国海军及美国海军；8、挽联；9、像亭遗电亭及命令亭；10、护军使乐队及陆军；11、警卫队及孝帷；12、柩车。从照片上看，迎送蔡锷灵柩的各界、各阶层人士人山人海，气氛热烈、严肃，灵堂布置豪华、庄重；挽联高挂、众多；景观非凡。可以窥见中国社会各阶层人士对蔡锷的深深怀念和敬意。

12月14日，上海各界人士在上海殡仪馆，举行了隆重的悼祭仪式，由淞沪护军使杨善德代表黎元洪大总统主祭。蔡锷的家属，包括夫人、孩子和两个弟弟，都赶到上海来参加了吊祭。吊祭的挽联、祭幛挂满了灵堂，前来吊祭者络绎不绝，鞠躬哭泣，极尽哀荣。

梁启超出席了吊祭仪式。由于他的地位特殊，既是蔡锷的老师，又是大文豪、护国领导人，还是即将出任北京政府的财政总长，名高望重。因此，杨善德代表大总统致祭后，就由他宣读祭文。梁启超走上前去，见着蔡锷遗容，情不自禁地失声痛哭，一时难以止制，因为太悲伤，也太激动，无法再读祭文，只好把文稿交给他的另一学生石陶钧代读。梁启超祭词如下：

蔡公松坡之丧，归自日本，止于上海，将返葬于湖南。友生梁启超既与于旅祭，更率厥弟启勋、厥子思顺、思诚等，敬挈清酒庶羞，奠君之灵，而哭之与其私曰：

呜呼！自吾松坡之死，国中有井水饮水处皆哭，宁更待吾之赘词。吾松坡宜哭我者，而我今哭焉，将何以塞余悲？君之从我，甫总角耳，一弹指而二十年于兹。长沙讲学隅坐之问难，东京久坚町接席之笑语，吾一闭目，而暧然如见之。尔后合并之日虽不数数，然书札与魂梦日相濡沫而相依。客岁秋冬间灭烛对榻之密画，与夫分携临歧之诀语，一字一句，吾盖永刻骨而镂肌。三月以前，海上最后之促膝，君之喑声厄貌，与其精心浩气，今尚仿佛而依稀。

吾松坡乎！吾松坡乎！君竟中道弃余，而君且奚归？

呜呼！庚子之难，君之先辈与所亲爱之友，聚而歼焉，君去死盖间不容发。君自是发奋而荷军，死国之心已决于彼日。乙巳广西不死、辛亥云南不死，去冬护国寺街不死，今春青龙咀不死，在君固常视一命为有生之余。今为国一大事而死，此固当其职。虽然，吾松坡之报国者，如斯而已耶！不获自绝域以马革裹尸归来，吾知君终不瞑于泉窟。

呜呼！君生平若有隐痛，我不敢以告人。要之，今日万恶社会，百方虿君于死，吾复何语以叩苍旻！嗟乎！松坡乎！汝生而靡乐，诚不如死焉而反其真。而翁枯守泉壤者十有五载，待君而语苦辛。君之师友在彼者，亦已泰半；各豁冤抱，迓君而相亲。嗟乎！松坡乎！斯世之人，既不可以与处，君毋亦逃空寂以全其神？其更勿责所苦相谇告，使九渊之下，永噫而长嚬。

呜呼，余天下之不祥人也，而君奚为乎呢？吾屈指平生素心之交复几许，弃我去者若陨箨相继，而几无复余。远昔勿论，近其何如？孺博、远庸、觉顿、典虞，其人皆万夫之特，未四十而摧折于途。嗟乎！嗟乎！

为蔡锷将军送葬的队伍

天不欲使我复有所建树，曷为降罚不于吾躬而于吾徒？况乃蓼莪罔报，脊令毕逋；血随泪尽，魂共岁徂。

吾松坡乎！吾松坡乎！汝胡忍自洁而不我惧？呜呼！余有一弟，君之所习以知；余有群雏，君之所乐以嬉。今率以拜君，既以侑君之灵，亦以永若辈之思。心香一瓣，泪洒一卮，微阻丽幕，灵风满旗。魂兮归来，鉴此凄其。呜呼哀哉！尚飨。（毛注青等编：《蔡锷集》第 640—641 页）

梁启超的祭文，把全场祭众都感动了，灵堂里响起一片泣啜声。

民国大总统黎元洪，还向各省发布讣告，并宣布将在湖南长沙举行国葬。而在北京中央公园（今中山公园）又搭设灵堂举行公祭，参加公祭的人很多，孙中山、黎元洪、冯国璋、段祺瑞等以及民国政府各部、驻华公使、各界群众参加了祭奠。蔡锷成为中华民国史上最早享受国葬殊荣的元勋。祭奠仪式上挽联甚多，其中最引人注目的是孙中山的挽联。孙中山的挽联是这样写的：

平生慷慨班都护；

万里间关马伏波。

据传小凤仙也白马素车，到灵堂致祭，后寄一挽联。这样写道：

万里南天鹏翼，直上扶摇，那堪忧患余生，萍水姻缘成一梦；

几年北地胭脂，自悲沦落，赢得英雄知己，桃花颜色亦千秋。

据后人考证，这副挽联是湖南湘潭人易宗夔所作，在流传中还出现了多种版本。

又另传，小凤仙还有一挽联云：

不幸周朗竟短命；

早知李靖是英雄。

蔡锷去世后，小凤仙在顷刻之间成为当时人们关心的热点对象。据《民国日报》披露，当蔡锷母亲得知小凤仙为掩护儿子出京的错综经历，十分感动，曾派人接小凤仙来湖南蔡家，但小凤仙以自己"地位低微，文化粗浅，怕给他们带来麻烦"为由而婉拒。

蔡锷葬礼结束后的那天晚上，小凤仙写下遗书，悄悄离开了北京，坐上开往天津的火车。她本来想在车上自杀，但意外的列车事故，使她放弃了轻生的念头。她到天津后，以手工度日，开始了隐居生活。后来认识了一位东北奉军梁师长，双方被吸引。梁师长带着小凤仙回到了他的老家辽宁铁岭县，当上了他的四姨太，在这里生活了十多年。

1940 年，梁因病去世，小凤仙便和梁的马弁王某生活在一起。但是后来王某拿着小凤仙的钱去做生意，一去不归，生死不明。无奈，小凤仙独自去了沈阳，并在书馆听评书过程中，认识了一个老书迷。老书迷丧妻未娶，遂与之结为秦晋之好。结婚后，小凤仙先在沈阳一家被服厂做工，以后当保姆。

1951 年初，京剧大师梅兰芳率团去朝鲜慰问志愿军，途经沈阳，与小凤仙相遇。梅兰芳得知小凤仙的遭遇和处境后，乃托付辽宁省交际处李桂森处长与小凤仙联系，并给予照顾。于是 1951 年 6 月，小凤仙被安排在东北人民政府机关幼儿园当保健员，负责保管和发放儿童衣物。

1954 年秋，小凤仙在沈阳因病去世，终年 54 岁。这是后话了。

1917 年 4 月 12 日，蔡锷的国葬典礼在湖南长沙举行，气氛庄严，赠送挽联、祭幛的知名人士很多。蔡锷遗体后葬于湖南长沙岳麓山万寿寺之后山西北角，墓葬面积约 6000 平方米，是岳麓山最大的墓葬之一。墓碑及四周刻满了各方面知名人士的悼言、挽联和题刻。

1916 年 12 月 25 日，经北京政府确定为云南起义纪念日。每年 12 月 25 日，都要举行纪念活动。

蔡锷是中国近代史上杰出的军事家，真诚的爱国者。他不仅以卓越的事功彪炳史册，而且以伟大的人格感召后人。

毛泽东曾将蔡锷与黄兴相提并论，视为做人的"模范"。朱德则将蔡锷与毛泽东并提，称为自己的"良师益友"和"指路明灯"。胡耀邦在首都各界纪念辛亥革命 70 周年大会上的讲话中，讲到"在辛亥革命时期，许多爱国志士加入孙中山领导的革命行列，进行了艰苦卓绝的斗争，有的甚至献出了自己的生命。"他列举了当时著名的风云人物 33 人中，蔡锷名列其中。蔡锷不愧为辛亥革命时期的风云人物，而且在护国战争结束不久，即献出了自己宝贵的生命。

蔡锷一生克己奉公，操守廉洁，忠心谋国，至死不渝，其"身后萧条，不名一钱"，"淡泊明志，夙夜在公"，正是他一生操守的生动写照。蔡锷的高风亮节，难能可贵，不仅在当时为官吏师法，而且在今日亦值得借鉴。

蔡锷年谱简编

1882 年　诞生

12 月 19 日（十一月初十日）生于湖南宝庆蒋家冲（今湖南邵阳市大祥区蔡锷村）。父亲蔡俊陵（又名正陵），母亲王氏。蔡锷原名艮寅，字松坡。

1887 年　5 岁

全家迁居武冈州城西之黄家桥（今邵阳市洞口县山门镇）。

1888 年　6 岁

入私塾读书。

1889 年　7 岁

4 月　聘武冈刘氏女侠贞为室。

1892 年　10 岁

读完四书五经，能写流畅文章，被称为"神童"。

1893 年　11 岁

从同邑名士樊锥读书、游历。

1895 年　13 岁

4 月　应院试，补为县学生。

1896 年　14 岁

12 月　应岁试，名列一等。

1897 年　15 岁

9 月　从樊锥赴秋闱（乡试）。

1898 年　16 岁

4 月　考入长沙湖南时务学堂，名列第三，其时，梁启超为学堂中文总教习；又以第二名入选湖南官费留学生，未成行。

9 月　戊戌政变发生，时务学堂被解散，蔡锷去武昌求学两湖书院，被拒。

1899 年　17 岁

6 月　考入上海南洋公学。

7 月　为梁启超相召，去日本留学，入东京大同高等学校，旋入东亚商业学校，加入唐才常组织的"自立会"。

1900 年　18 岁

秋　自立军准备在武汉起义反清，蔡锷回国参与，事泄失败，师友多遇难，蔡锷幸免。为投笔从戎，正式改名为"锷"。后返日本，入陆军成城学校。

1901 年　19 岁

写《致湖南士绅书》，力主改革。

1902 年　20 岁

与黄兴等组织义勇队，后更名军国民教育会。成城学校毕业。

12 月　自费考入日本陆军士官学校第三期，旋补为官费生。

1904 年　22 岁

11 月　士官学校毕业，名列第五。旋回国赴江西军界任职。

1905 年　23 岁

2 月　去湖南任教练处帮办，兼武备、兵目两学堂教官。

8 月　去广西，先后任新军总参谋官兼总教练官，随营学堂总理官，广西测绘学堂堂长。

1906 年　24 岁

9 月　去河南观察新军秋操演习，派为中央评判官。

1907 年　25 岁

2 月　任广西陆军小学总办、兵备处总办。后又任广西新军常备军第一标标统、龙州讲武堂总办、广西混成协协统、学兵营营长、广西干部学堂总办等。

1911 年　29 岁

3 月　应李经羲之邀，赴昆明。

7 月　任新军第十九镇第三十七协协统。

10 月　辛亥武昌起义后，参与辛亥昆明起义的策划，任起义军临时总指挥。10 月 30 日昆明起义成功。

11 月　云南军都督府成立，蔡锷被推为首任云南都督，对云南进行了一系列改革，并派兵援川、黔、藏。

1912 年　30 岁

1 月　蔡锷第一次下令减薪，都督月薪由 600 两减至 120 元。6 月，第二减薪，再减至 60 元。

3 月 4 日　唐继尧入黔，后署理贵州都督。5 月被正式任命为贵州都督。

8 月　统一共和党与同盟会合并为国民党，蔡锷宣布退党，主张军人"不党主义"。

1913 年　31 岁

5 月　进步党成立，蔡锷被推为名誉理事、湖南支部长，旋辞。

10 月　蔡锷奉调北京，先后任陆军部编译处副总裁、政治会议议员、参政院参政、海陆军大元帅统率办事处办事员，加昭威将军衔，全国经界局督办等。

1915 年　33 岁

1 月　蔡锷在参政院发表演说，要求拒绝日本的"二十一条"。

8 月　杨度在北京组织"筹安会"，公开鼓吹复辟帝制。蔡锷赴天津与梁启超策划反袁，并与各方面人士秘密联系。

11 月　蔡锷逃离北京去天津。

12 月 2 日　蔡锷离开天津去日本。

12 月 12 日　袁世凯宣布接受帝位。

12 月 19 日　蔡锷经日本、香港、越南，到达昆明。

12 月 21 日　22 日滇军军官与爱国志士，在蔡锷参与下，召开会议决定立即发动反袁战争。

12 月 23 日　以唐继尧、任可澄名义，要求袁世凯取消帝制，惩办帝制祸首。

12 月 25 日　蔡锷、唐继尧等宣布云南独立、武装讨袁，组织护国军，蔡锷任护国第一军总司令出川，反袁护国战争爆发。

12 月 31 日　袁世凯申令改民国五年（1916 年）为"洪宪"元年。

1916 年　34 岁

1 月 1 日　云南护国军昆明誓师，发布讨袁檄文。

1 月 14 日　蔡锷率护国第一军主力，从昆明向四川进军。

1 月 21 日　护国军占领叙府（宜宾）。

1 月 27 日　贵州宣布独立反袁，以刘显世为贵州都督。

1 月 31 日　川军第二师师长刘存厚在四川纳溪响应护国，宣布独立。

2 月 5 日　护国军会攻泸州，川南激战持续到了 3 月上旬。

2 月 8 日　袁世凯任命龙觐光为云南查办使，入寇滇南，被粉碎。

2 月 23 日　蔡锷带病赴纳溪前线，指挥战斗。

3月2日　叙府得而复失，北军冯玉祥部占领叙府，却拒绝再前进。

3月7日　蔡锷令护国军撤出纳溪，护国第一军总司令部设于大洲驿永宁河的一条船上。

3月15日　广西宣布反袁独立，以陆荣廷为广西都督。

3月17日　护国军在川南发动总反攻。

3月22日　袁世凯宣布取消帝制，仍称大总统，护国军坚持要袁退位。

3月24日　四川停战开始。

4月2日　蔡锷致电北京，要求袁世凯"引退"。

4月6日　龙济光宣布广东独立。

4月12日　浙江宣布独立。

5月1日　两广都司令部成立于广东肇庆。

5月8日　护国军军务院成立于广东肇庆，以唐继尧为抚军长，蔡锷等为抚军。

5月9日　陕西宣布独立。

同日　孙中山发表第二次《讨袁宣言》。

5月22日　四川宣布独立。

同日　袁世凯宣布"帝制议案始末"。

6月6日　袁世凯死去。

6月7日　黎元洪继任大总统。

6月24日　北京政府任命蔡锷为益武将军、督理四川军务。

7月6日　北京政府任命蔡锷为四川督军兼省长。

7月14日　护国军军务院宣布撤消。

7月29日　蔡锷到成都视事。

8月7日　北京政府批准蔡锷请假治病。

8月9日　蔡锷离开成都。

8月28日　蔡锷到达上海。

9月14日　蔡锷入日本九州福冈医科大学医院治疗。

11月8日　蔡锷病逝于日本福冈，享年34岁。